Andrea Behnke
Flaschenpost in Sütterlin

Andrea Behnke

Flaschenpost in Sütterlin

Mit Illustrationen von Petra Dorkenwald

Hase und Igel®

Für meine Oma, die ihre Heimat verlassen musste.
Und für alle Menschen, die heute fliehen und geflohen sind.

MIX
Papier aus verantwortungsvollen Quellen
FSC® C083411
FSC www.fsc.org

Für Lehrkräfte gibt es zu diesem Buch
ausführliches Begleitmaterial beim Hase und Igel Verlag.

www.hase-und-igel.de
Lektorat: Mira Fischer
Satz: Appel Grafik München GmbH
Druck: CPI – Ebner & Spiegel, Ulm

ISBN 978-3-86760-258-7
2. Auflage 2021

Inhalt

1. Der Berg im Bauch 7
2. Schietwetter 10
3. Ein Geht-so-Moment 13
4. Smileys im Mund 15
5. Der geheimnisvolle Fund 19
6. Svea-Malinda, der Aal 22
7. Sütterlin 25
8. Der Brief 28
9. Heiße Tränen in der Kälte 32
10. Ein verpfuschter Pfannkuchentag 36
11. Aus zwei mach drei 40
12. Der Uropa und der Krieg 44
13. Volltreffer 47
14. Die Entschuldigung 50
15. Der Anruf 53
16. Die Versöhnung 56
17. Die Flaschenpostkrankheit 59
18. Besuch bei Frau Sobansky 63
19. Die Geschichte der Flucht 67
20. Schönes Schweigen 71
21. Evis Traurigkeit 74

22. Hunger und Schmandkuchen 80
23. Die Geschichte der Ankunft 84
24. Ein „Tschüss“ in der Flasche 88
25. Von Klamotten und Erinnerungen 93
26. Der Uropa und Erwin 96
27. Ein Recherchetag 101
28. Die Suchmeldung 104
29. Zettel und Puddingquatsch 109
30. Die falsche Elli 112
31. Die richtige Elli 118
32. Teddy und Herzmuschel 123

Worterklärungen 127

1. Kapitel: Der Berg im Bauch

Evi schaut an sich herunter. Ihre neuen Gummistiefel sind noch ganz glänzend. Rot und so glänzend, dass sich die Sonne darin spiegelt. Endlich scheint die Sonne wieder, denn in den letzten Tagen hat es nur geregnet. „Das ist der norddeutsche Schnürlregen", hat Mama gesagt. Evi fand den Ausdruck „Schnürlregen" viel zu nett für diesen Dauerregen.

Der Sand ist immer noch nass. Neben Evis Gummistiefeln stecken zwei weitere im Matsch. Die sind blau und gehören Lina. Bis vor Kurzem fand Evi Gummistiefel ziemlich doof – die waren etwas für kleine Kinder. Aber jetzt braucht sie welche, da sie nicht ständig feuchte Füße haben möchte. Evi glaubt, dass hier, an der Ostsee, die Kinder wahrscheinlich schon mit Gummistiefeln an den Füßen geboren werden. Sie stellt sich nackte Babys mit Mini-Gummistiefelchen vor.

„Was grinst du?", fragt Lina.

„Och nichts", sagt Evi.

Lina linst zu Evi hinüber. „Schade, dass es so kalt ist. Sonst könnten wir schwimmen. Im Meer." Sie schlingt sich ihren Schal ein weiteres Mal um den Hals und zieht ihn hoch bis über die Ohren.

„Mmmh", macht Evi. Sie schwimmt gerne. In lauwarmen Badeseen. Oder auch im Freibad. Im beheizten Wellenbad. Aber nicht in einem Meer, das selbst im Sommer eiskalt ist und irgendwie muffig schmeckt und nach Fisch riecht. Und wo man über spitze Steinchen trippeln muss, um überhaupt ins Wasser zu kommen. Ständig will sich irgendetwas in die Fußsohle hineinpiksen. Manche Leute ziehen so ulkige Badeschuhe an, wenn sie im Meer schwimmen. Das stelle man sich mal vor: Man geht schwimmen und hat Schuhe an. Evi kann das nicht verstehen.

Im Sommer wohnte sie noch in Süddeutschland, mit Blick auf die Berge. Sie erinnert sich daran, dass selbst im Hochsommer die Bergspitzen glitzerten, weil sie Häubchen aus Schnee trugen. Sie kniff oft die Augen zusammen und schaute auf die Gipfel, wenn es ihr nicht gut ging. Dann sah sie viele bunte Punkte, wie ein kleines Feuerwerk. Das Glitzern nahm jeden Kummer. Da brauchte sie keine Einhörner, wie manche ihrer Klassenkameradinnen. Was war Einhornglitzer schon gegen echtes Berggeglitzer?

Evi blickt aufs Meer. Wer den Begriff „blaues Meer“ bloß erfunden hat, fragt sie sich. Im Moment ist es einfach nur grau. Denn gerade hat sich eine Wolke vor die Sonne geschoben. Warum musste Papa nur unbedingt hier, wo man endlos weit gucken kann, eine neue Stelle finden? Warum musste sie mit Mama und Papa hierherziehen? Hierher, wo kein einziger Berg ist. Evi erkennt drei breite Streifen, mehr nicht. Oben ist der Himmel, darunter das Meer, vorne der Sand. Dunkelgrau, grau, braun. Eine gestreifte Landschaft, so weit, dass man das Gefühl hat, den Halt zu verlieren. Irgendwo schreit eine Möwe.

„He!“ Lina stupst Evi in die Seite. „Träumst du?“

Evi schüttelt den Kopf. Sie denkt an Franziska, die sie Franzi nennt. Franzi, ihre beste Freundin, die jetzt 700 Kilometer weit weg wohnt, da, wo es grün ist und nach frisch gemähtem Gras riecht. „Heimweh“, das ist so ein Wort, das Erwachsene benutzen. Evi spürt es. Im Bauch. Da sitzt dieses Heimweh wie ein großer Berg und drückt.

Das Lächeln, das vorhin noch so schön im Hals kitzelte, ist wie weggespült von den Wellen, die jetzt im Herbst an Land klatschen.

2. Kapitel: Schietwetter

Evi holt Handschuhe aus der Jackentasche. Warme Fäustlinge. Denn ihre Fingerspitzen sind schon ganz taub vor Kälte. Lina läuft neben ihr. Die beiden sprechen kein Wort. Sie schlurfen in ihren Gummistiefeln nebeneinander her.

Mittlerweile regnet es wieder. Lina setzt sich ihre Kapuze auf und schnürt sie zu, damit der Wind sie nicht vom Kopf zieht. Evis Jacke hat keine Kapuze. Nach kurzer Zeit sind ihre braunen Haare noch dunkler und hängen in nassen Strähnen herunter.

„Schietwetter", meint Lina. „Sagt man hier so."

Evi murmelt in sich hinein: „Schietwetter. Schnürlregen. Alles gleich blöd."

Da hören die Mädchen, wie hinter ihnen jemand ruft: „Haaaallooo! Wartet auf mich!" Es ist Jonathan aus Evis Nachbarhaus, der angeradelt kommt. Die Fahrradbremse quietscht, als er die Mädchen eingeholt hat. Er hält mitten in einer Pfütze. „Schietwetter", sagt er und schlackert mit seinem Fuß, der in einem durchnässten Turnschuh steckt.

„Mmmmh", macht Evi. „Sagt man hier so, gell?"

Jonathan runzelt die Stirn, dann lacht er. „Jetzt fehlt nur noch Shampoo." Er deutet auf Evis tropfende Haare.

„Haha."

„Erste Regel: Geh niemals ohne Kapuze vor die Tür."

„Ist das immer so ein Klugscheißer?" Lina zieht Evi ein Stück mit sich. Sie tritt Jonathan leicht auf den Fuß. „Zweite Regel: Trag Gummistiefel."

„Eigentlich ist der ganz nett", sagt Evi.

„Aha." Lina grient. „Ganz nett also."

„Pssst." Evi wirft Lina einen finsteren Blick zu. „So nett ist er auch nicht, dass er das mitkriegen muss."

„Ich fahr dann mal weiter", sagt Jonathan. „Ist mir zu ungemütlich draußen."

„Servus!", ruft Evi ihm hinterher.

„Servus …", brummelt Jonathan und schüttelt den Kopf. „Tschüss mit üss!" Dann radelt er in einem Affenzahn durch die Pfützen, dass es nur so spritzt.

„Das ist echt ein Angeber." Lina gibt Evi eine Tüte. „Halt dir die mal über den Kopf. Du erkältest dich noch."

Evi schüttelt sich wie ein Hund. Da niest sie. „Ist eh schon zu spät." Sie wischt sich mit dem Ärmel den Schnodder weg. „Schietwetter eben."

3. Kapitel: Ein Geht-so-Moment

„Wie siehst du denn aus?“, begrüßt Mama Evi.

„Nass. Schietwetternass“, sagt Evi.

„Du scheinst dich ja gut eingelebt zu haben. Schietwetter, tststs“, meint Mama. „Noch ein paar Wochen, dann begrüßt du uns mit ‚Moin‘.“

„Haha“, macht Evi. „Du weißt genau, dass ich wieder zurückwill. In die Berge.“ Sie versucht aus den Gummistiefeln zu kommen, ohne die Hände zu benutzen.

„Sooo schlecht ist es hier auch nicht.“ Mama nimmt Evis Gummistiefel und bringt sie ins Bad in die Wanne. Evi folgt ihr. Mama reicht ihr ein Handtuch.

Evi rubbelt sich die Haare trocken und setzt sich auf den Wannenrand. „Blöd ist es hier“, sagt sie dann. „Nass und kalt und flach und doof.“

„Du hast doch schon ein nettes Mädchen kennengelernt.“ Mama setzt sich auf den Klodeckel. Mit etwas Toilettenpapier putzt sie sich die Hände ab, die von den Stiefeln nass geworden sind.

Ein „nettes Mädchen“ – wie sich das anhört. Als hätte Lina lange geflochtene Zöpfe, ein Kleidchen an und eine Schleife im Haar.

„Meine Freundin ist zu Hause“, zischt Evi. Sie bindet sich das Handtuch zu einem Turban. „Weit weg.“

Mama seufzt und lässt Evi allein. Die Badezimmertür ist angelehnt. Da sitzt Evi nun. Hinter ihr machen die Stiefel Dreckflüsse in das Weiß der Wanne. Evi überprüft, ob ihr schon Schwimmhäute zwischen den Fingern gewachsen sind. Wegen des dauernden Regens.

„Du musst ein bisschen offener sein!“, ruft Mama aus der Küche.

„Geht nicht! Hier muss man doch immer total zugeknöpft herumlaufen. Ist nämlich zu kalt.“

Bevor Mama antworten kann, hört Evi den Schlüssel im Schloss der Haustür.

„Paps!“ Evi streckt ihrem Spiegelbild die Zunge raus. Dann saust sie in den Flur und läuft auf Papa zu.

„Wie war's bei der Arbeit?“, fragt Mama.

„Geht so.“ Papa zieht seine Jacke aus. Die Ärmel seines Pullis sind feucht. „Was für ein Wetter.“

„Wenn dir die Arbeit hier eh nicht so gefällt – können wir dann nicht wieder zurück nach Hause?“

„Evchen, wir sind jetzt hier zu Hause.“ Papa streicht Evi über den Frottee-Turban und holt einmal tief Luft. „Obwohl es sich manchmal noch nicht so anfühlt.“

Eigentlich mag Evi es nicht, wenn Papa sie Evchen nennt. Schließlich ist sie kein Baby mehr. Aber seit sie umgezogen sind, fühlt es sich gut an. So warm irgendwie. Als ob sich der Kosename wie ein kuscheliges Fell um Evi legen würde. Sofort friert sie nicht mehr.

4. Kapitel: Smileys im Mund

Am nächsten Tag hat Evi kaum Hausaufgaben auf. Nur Vokabeln soll sie lernen, aber die kann sie ohnehin schon auswendig. Sie läuft im Wohnzimmer auf und ab. Dann holt sie sich den Ball, der im Flur liegt, und dribbelt. Doing – doing – doing. Sie stellt sich vor, dass sie eine super Handballspielerin ist.

„Evi", tönt da Mamas Stimme aus dem Arbeitszimmer. „Geht's auch etwas ruhiger?" Evi weiß, dass Mama an einem kniffeligen Text sitzt. Mama übersetzt Texte für verschiedene Kunden. Sie ist selbstständig und arbeitet zu Hause. Im „Homeoffice", wie sie es nennt.

Evi wirft sich aufs Sofa. Gerade, als sie das Handy mit dem Kopfhörer verkabelt hat, um Musik zu hören, steht Mama vor ihr. „Geh ein bisschen an die Luft. Heute regnet es endlich mal nicht. Das musst du ausnutzen."

Evi schiebt sich ein Kissen unter den Kopf und macht die Augen zu. Ich muss gar nichts, denkt sie und setzt sich den Kopfhörer auf. Sie klickt auf „Hometown Glory" von Adele, den Song hat sie sich gerade heruntergeladen.

Doch Mama lässt sich nicht abwimmeln. Sie zieht Evi den Kopfhörer vom Ohr und sagt: „Du bist blass, die frische Luft wird dir guttun."

Mama hat immer noch nicht begriffen, dass man in Evis Alter nicht einfach so nach draußen geht, um zu spielen. Und schon gar nicht allein.

Früher verging fast kein Nachmittag, an dem Franzi und Evi nicht zusammen waren. Sie waren einfach zusammen, ohne etwas unternehmen zu müssen. Sie saßen auf Franzis Bett und lasen Bücher. Manchmal gingen sie auch einkaufen, schwimmen oder lagen im Sommer auf einer Decke und bewunderten die ziehenden Schäfchenwolken. Sie brauchten nicht viele Worte, um zu wissen, dass die andere da war. Einfach nur da.

Bevor Mama jetzt wieder anfängt, etwas von dem „netten Mädchen" zu erzählen, verschwindet Evi lieber nach draußen. Sie schiebt ihren Kopfhörer zurecht, schlüpft in den Anorak und schlendert zur Tür.

„Nimm den Kopfhörer ab, damit du die Autos hörst!", ruft Mama ihr nach, aber da fällt die Tür schon zu. Im Hausflur vor dem Schuhregal überlegt Evi kurz, ob sie die Sneaker anziehen soll. Dann steigt sie in die Gummistiefel, man kann ja nie wissen.

Evi beschließt, zum Strand zu gehen. Der ist nicht weit weg. Beim Laufen ist sie ganz vertieft in die Musik. Sie schießt ein paar Steinchen. Plötzlich zuckt sie zusammen, weil ihr jemand auf die Schulter tippt. Evi dreht sich um und guckt direkt in Linas Gesicht.

„Erschrocken?"

Evi schüttelt den Kopf.

„Darf ich auch mal hören?"

Ohne ein Wort setzt Evi Lina den Kopfhörer auf.

„Mega. Mag ich voll", sagt Lina. Sie bleibt stehen und wippt im Takt. Dann gibt sie Evi den Kopfhörer zurück. Evi klemmt ihn sich um den Hals und macht die Musik aus, um nicht unhöflich zu sein.

„Lust auf ein Tütchen?", fragt Lina.

„Hä?"

„Na, beim Bäcker. Eine Tüte Weingummi und Lakritz und so."

„Ich hab kein Geld dabei."

„Ich lade dich ein."

So wählen die beiden beim Bäcker an der Ecke Süßkram für zwei Euro. Die Verkäuferin reicht Lina eine spitze Papiertüte, die voll ist mit Gummizeug. Evi steckt sich einen grünen Smiley in den Mund. „Lecker, die mag ich gerne", sagt sie, was sich eher anhört wie „Leffer, die maf ich ferne." Fast wäre ihr der Smiley aus dem Mund gehüpft, Evi schiebt ihn wieder zurück.

5. Kapitel: Der geheimnisvolle Fund

Mit vollen Mündern gehen Evi und Lina weiter zum Strand. Obwohl es ein wenig unangenehm am Po ist, setzt Evi sich auf einen Stein. Sie lugt zu Lina. Die kniet im Sand und türmt einen Berg auf. Oben steckt sie einen Stock hinein.

Evi hat keine Lust mitzubauen. Gerade hat sie auf gar nichts Lust. Sie stopft sich einen weiteren Smiley in den Mund und kaut. Es ist ganz still. Nur Evis Schmatzen ist zu hören.

Lina ist eines der coolsten Mädchen in Evis neuer Klasse. Aber Lina ist eben nicht Franzi. Evi geht ein paar Schritte zum Wasser. Die nächste Welle umspült ihre Gummistiefelfüße, die wohlig warm sind. Ihre roten Gummistiefel sind heute das Bunteste am Strand. Algen und Müll krallen sich an den großen Steinen fest, die neben ihr die Wellen brechen.

Der Smiley schmeckt nach Waldmeister. Waldmeister mag Evi besonders gern. Ihr fallen die Waldmeister-Limos im Biergarten zur Brotzeit ein. Früher. Es kommt ihr ewig lang her vor, dass sie dort mit Mama und Papa und Franzi gesessen hat.

Auf einmal entdeckt sie etwas grün Schimmerndes. Glas. Eine Flasche. Sie ist ganz anders als die Bierflaschen, die Jugendliche hier schon mal abends abstellen. Evi zieht ihren Ärmel über die Hand und greift nach der Flasche. Und kann kaum glauben, was sie sieht. „Lina!“, ruft sie. „Komm mal schnell!“

Lina klopft den Sand von ihrer Jeans und eilt herbei.

Evi schwenkt die Flasche. „Da ist ein Brief drin“, sagt sie.

„Eine Flaschenpost?“ Lina sieht erst Evi, dann die Flasche ungläubig an.

„Genau!“, antwortet Evi. „Eine Flaschenpost.“ Evi schüttelt die Flasche, sodass der eingerollte Brief hin- und herrutscht.

„Ich hab noch nie eine gefunden.“ Lina inspiziert den Korken gründlich. „Und wie kriegen wir die jetzt am besten auf?“

„Auf dem Asphalt." Evi läuft zur Promenade. Sie hält die Flasche hoch und lässt sie fallen, sodass sie mit einem lauten „Klirr" auf dem Boden zerspringt.

Mit spitzen Fingern fischt Lina das Papier aus den Scherben und rollt es auf. „Wow!", ruft sie. „Der sieht ja richtig alt aus, der Brief."

Evi lehnt sich über Linas Schulter. Sie tippt auf die rechte Ecke. „Da steht was von 1947."

Lina pfeift durch die Zähne. „Dann sieht der nicht nur alt aus, der Brief – dann ist der tatsächlich alt. Uuuuuuralt."

„Aber außer dem Datum kann ich nichts lesen. Merkwürdige Schrift, was?"

„Das ist Sütterlin", sagt Lina. „Hab ich mal in einem Buch gesehen."

Evi hüpft vor Lina auf und ab. „Und – kannst du's entziffern?"

Lina schüttelt den Kopf.

„Mist." Vorsichtig rollt Evi den Brief wieder zusammen. Sie setzt sich auf eine Bank an der Promenade.

6. Kapitel: Svea-Malinda, der Aal

„Hey. Was macht'n ihr hier?" Eine hohe Stimme lässt Evi aufspringen. Sie dreht sich um. Hinter ihr steht Svea-Malinda, die in Linas und Evis Klasse ist. In der Schule sitzt sie neben Lina.

Svea-Malinda, der Name passt zu ihr, findet Evi. Aufdringlich, andauernd affektiert und aalglatt. Evi könnte losgackern. Aalglatt, das passt ja wunderbar zur Ostsee. Ein Svea-Malinda-Aal.

„Was is'n so witzig?"

„Nichts", sagt Evi und mustert Svea-Malinda unauffällig: Ihre Jeans ist hauteng. Bestimmt braucht sie einen langen Schuhlöffel, um da reinzukommen. Wie sie die wohl abends wieder auskriegt? Wahrscheinlich schneidet sie sie einfach auf. Papa und Mama kaufen dann eine neue. Da ist Evi sich sicher. Außerdem trägt Svea-Malinda eine Karobluse mit Glitzersteinen. Die Haare hat sie zu einem Dutt aufgetürmt, die Lippen glänzen. Evi rätselt, ob sie sich wohl schon schminkt. Die Haut wirkt so wie bei ihrer Puppe von früher, ganz glatt und einfarbig.

„Was hast du denn da?" Svea-Malinda will nach Evis Hand greifen, doch Evi hält die Hand samt Brief schnell hoch.

„Nichts", sagt Evi wieder und lässt den Brief in der Innentasche ihres Anoraks verschwinden. Während sie den Brief gerade noch am liebsten gebügelt hätte, ist es ihr plötzlich egal, wenn er zerknittert. Als könne Svea-Malinda durch den Stoff des Anoraks fassen, presst Evi ihre Hand auf die Stelle, an der die Innentasche sitzt.

„Ist es ein Liebesbrief?“ Svea-Malinda macht einen Augenaufschlag wie diese Mädchen, die Selfies mit Knutschmund posten. Evi mag diese Knutschmundbilder nicht.

„Quatsch“, sagt Evi. „Das ist eine Flaschenpost.“

Svea-Malinda lacht hell. Es klingt gekünstelt. „Guter Witz. Flaschenpost?“ Sie haut sich auf den Oberschenkel. „Liest du etwa noch Piratengeschichten? Du bist hier zwar an der Ostsee, aber nicht in irgendeinem Piratenabenteuer.“

Lina kommt einen Schritt näher und sagt ganz ruhig: „Wir haben wirklich eine Flaschenpost gefunden.“

„Wir nicht“, zischt Evi. „Ich habe sie gefunden.“

Lina legt ihre Hand auf Evis Arm. Evi schüttelt sie ab und zieht ihren Kopfhörer aus der Jackentasche. Bevor Lina etwas sagen kann, setzt sie ihn auf und stellt die Musik an.

Lina tritt von einem Fuß auf den anderen. Sie guckt zwischen Evi und Svea-Malinda hin und her.

„Ich hau ab“, sagt Evi. „Servus!“ Sie winkt in Linas und Svea-Malindas Richtung und geht. Svea-Malinda lässt sich auf die Bank plumpsen. Sie reagiert nicht.

Lina ruft Evi hinterher: „He, bleib noch ein bisschen. Wir können doch was zusammen machen. Zu dritt."

Aber Evi hat die Musik so laut gestellt, dass sie Lina gar nicht mehr hört.

7. Kapitel: Sütterlin

Vor der Haustür trifft Evi Jonathan. Der fährt lustlos mit dem Skateboard auf und ab. „Nix los heute", begrüßt er Evi. „Voll langweilig."

„War das hier jemals anders?" Evi zieht die Augenbrauen hoch. Sie denkt an die Berge. Da war auch nicht viel los. Aber da waren Franzi und ihre anderen Freundinnen. Und das reichte ihr. Hier ist einfach gar nichts. Und das kann auch so eine Flaschenpost nur ein kleines bisschen ändern.

„Ach komm", sagt Jonathan. „Gibt auch echt gute Tage hier. Warte mal auf den Sommer. Im Sommer ist es cool an der Ostsee. Dann kann man surfen und so."

Evi rechnet nach. Das ist noch über ein halbes Jahr. Ein halbes Jahr, das sich bestimmt wie ein Jahr anfühlt. Mindestens.

Es fängt an zu nieseln. Mal wieder. Evi setzt sich die Kapuze auf. Sie hat sich heute extra eine andere Jacke angezogen. Denn sie hat überhaupt keine Lust darauf, wieder klatschnass zu werden. Sie klappert ohnehin schon mit den Zähnen. Außerdem soll der Brief trocken bleiben. Sie geht mit der Hand von oben in den Anorak, um zu fühlen, ob er noch da ist.

„Flöhe? Oder was suchst du?"

Evi beäugt Jonathan aus dem Augenwinkel. Er ist das genaue Gegenteil von Svea-Malinda. Er hat weite

Klamotten an. Der lange Pony fällt ihm immer wieder ins Gesicht, sodass er die Strähnen ständig wegpusten muss. Dann kommen auch seine Sommersprossen zum Vorschein. Evi überlegt, wie er im Sommer aussehen wird, wenn die Pünktchen so richtig aufblühen. Sie mag Sommersprossen.

Evi ist drauf und dran, Jonathan von der Flaschenpost zu erzählen. Dann lässt sie es lieber. Noch einen blöden Spruch braucht sie heute nicht. Stattdessen murmelt sie: „Ich dachte, mein Handy wäre aus der Innentasche gerutscht."

Jonathan zeigt auf die große Außentasche. „Ist dein Handy nicht da drin?"

„Stimmt. Die Ostseeluft bläst wohl mein Hirn zu sehr durch", sagt Evi und macht einen schiefen Mund. Sie geht zur Haustür und schließt auf. „Bis dann!", ruft sie Jonathan zu. Dem steht die Enttäuschung ins Gesicht geschrieben, er sagt aber nichts.

In ihrem Zimmer holt Evi vorsichtig den Brief hervor und faltet ihn auseinander. Sie legt ihn aufs Bett und streicht ihn glatt. Das Papier ist gelblich. Der Text ist fein säuberlich geschrieben, kein Buchstabe tanzt aus der Reihe. Ein bisschen sieht die Schrift aus wie eine Geheimschrift. Ein „i" erkennt Evi und ein „m", das drei Zacken hat. Den Rest kann sie nicht entziffern.

Evi wird das Gefühl nicht los, dass es ein wichtiger Brief ist. Ein geheimnisvoller Geschichtenbrief.

„Evi?“ Papa ruft unten im Flur. „Bist du da?“

„In meinem Zimmer.“

Evi hört Papas Schritte auf der Treppe. Kurz überlegt sie, den Brief zu verstecken. Doch dann lässt sie ihn liegen, weil Papa ja bestimmt nichts von Piraten und deren Abenteuern, die es nicht gibt, faseln wird.

Erstaunt blickt Papa auf das Stück Papier. „Das ist ja …“, setzt er an.

„Sütterlin“, fällt Evi ihm ins Wort.

Papa ist irritiert. Er hat eine Falte zwischen den Augen. Die bekommt er immer, wenn er staunt.

„Ich weiß längst, dass es Sütterlin ist.“ Evi macht eine Pause. „Ich kann es nur nicht lesen.“

„Ich auch nicht, leider“, sagt Papa. „Ältere Menschen können das oft noch entziffern.“

„Oma?“

„Ich glaube nicht. Soooo alt ist die Oma noch nicht. Mein Opa konnte es.“ Papa denkt nach. „Nebenan wohnt ein recht alter Mann. Bei diesem Jungen.“

„Jonathan! Du meinst …“

„Ja, genau. Klingel ruhig mal. Und dieser Jonathan scheint …“

„… ein netter Junge zu sein.“ Evi zieht eine Grimasse. „Ihr mit euren netten Kindern.“ Dann knufft sie Papa in die Seite. „Gute Idee, Paps, das mach ich!“ Evi schnappt sich den Brief und huscht nach draußen.

8. Kapitel: Der Brief

Als Evi herauskommt, kann sie Jonathan nicht entdecken. Das Skateboard lehnt an der Hauswand. Also klingelt sie. Einmal, zweimal. Evi merkt, wie sie schwitzige Hände bekommt. Sie hat noch nie bei Jonathan geklingelt. Aber es gibt schließlich einen guten Grund dafür. Evi atmet tief durch.

Da öffnet sich die Tür. „Hi. Doch Lust auf Skaten?" Jonathan grinst und zeigt auf die Pfützen, die sich inzwischen gebildet haben. „Oder vielleicht besser Wellenreiten?"

Evi hält ihren Kopf schief. „Nö", sagt sie. „Ich hab eine Frage."

„Dann frag!"

„Eigentlich nicht an dich. Sondern an deinen … Opa."

„Der wohnt nicht hier."

„Aaahh."

„Wer ist da, Jona?", hört Evi eine leicht brummelige Stimme.

„Evi. Das Mädchen von nebenan."

Ein Mann mit einem weißen Haarkranz kommt um die Ecke. Er stützt sich auf einen Rollator. Ganz langsam schlurft er in den Flur, mit braunen Puschen an den Füßen.

„Ist das nicht dein Opa?", flüstert Evi.

„Nee, das ist Uri, mein Uropa. Also der Papa vom Papa meiner Mama."

Evi braucht einen Moment, dann macht es klick bei ihr. Sie fasst allen Mut zusammen und fragt ein wenig lauter: „Dürfte ich Ihnen etwas zeigen?"

„Nur zu", sagt der Uropa. Seine Stimme schnarrt. „Dafür müsstest du aber mit ins Huus. Sonst verkühle ich mich."

Kurz darauf sitzt Evi zwischen Jonathan und seinem Uropa auf dem Sofa. Sie rollt den Brief auf.

„Den hab ich gefunden." Evi macht eine Pause. „In einer Flasche."

Sie wartet auf die Reaktion der beiden. Aber es kommt nichts. Für die zwei scheint eine Flaschenpost das Normalste von der Welt zu sein.

„Und? Was steht drin?", fragt Jonathan.

„Das ist es ja", sagt Evi. „Ich kann's nicht lesen."

„Fremdsprache? Ich kann Englisch und auch schon ein bisschen Französisch."

„Eher Fremdschrift. Sütterlin."

„Sütter – was?"

„Sütterlin", wiederholt der Uropa. Er nimmt den Brief in die Hand. „Der ist vom 27. September 1947."

„Das kannst du lesen?“ Jonathan reißt die Augen auf. „Echt?“

Der Uropa schmunzelt. „Gelernt ist gelernt“, sagt er. „1947, das ist sehr lange her …“ Er guckt aus dem Fenster. Es wirkt so, als ob er dort etwas sähe, was sonst niemand sehen kann. Etwas, das ganz weit in der Ferne liegt.

Dann wendet er sich wieder dem Brief zu und fängt an vorzulesen.

Meine liebe Elli,
es ist nun schon zwei Jahre her, dass wir unser geliebtes Königsberg verlassen mussten.

Ich sehe dich immer noch vor mir, auf deinem Schlitten, zugedeckt mit einem Federkissen. Deine großen Augen. Deine lieben Augen. So sehr habe ich mir gewünscht, dass wir zusammenbleiben. Doch Gott hat es nicht gewollt. Denn mein Fuß tat so weh. Und Mutter schaffte es, uns auf einem Pferdewagen unterzubringen. Ich habe gerufen: Die Elli, Mama, die Elli und ihre Eltern müssen auch mit. Aber es war kein Platz mehr und mein Geschrei gefror in der eisigen Kälte.

Du bist einfach fort. Es vergeht kein Tag, an dem ich nicht an dich denke. Inzwischen weiß ich, dass viele erfroren sind auf ihrem Weg in den Westen. Doch ich spüre, dass du lebst. Vielleicht ist es auch nur mein größter Wunsch …

Deine Freundin Irmgard
Irmgard Sobansky
Traveweg 1 in Lübeck

Der Uropa räuspert sich. Bei den letzten Worten hätte fast seine Stimme versagt.

Jonathan streichelt über seinen Arm. „Alles in Ordnung, Uri?"

Langsam wischt er sich ein bisschen Schweiß von seiner Glatze. „Keine Sorge, Jona." Und er murmelt in sich hinein: „Es ist lange her, zum Glück ..."

Eine Weile sitzen die drei ruhig da. Keiner sagt etwas.

Schließlich traut Evi sich zu fragen: „Würden Sie mir den Brief noch einmal vorlesen? Zum Mitschreiben?"

Der Uropa lächelt und setzt sich die Lesebrille auf.

Evi holt ein Notizbuch aus ihrem Rucksack. Der Uropa diktiert und sie schreibt fein säuberlich Wort für Wort in Schreibschrift auf. „Damit ich es immer nachlesen kann."

„Eine gute Idee." Der Uropa gähnt. „Entschuldigung, ich bin um die Uhrzeit oft ein wenig drömelig."

„Sollen wir rausgehen?", fragt Jonathan. „Hat aufgehört zu regnen."

Evi nickt. Und zum Uropa sagt sie: „Ist eine tolle Schrift, dieses Sütterlin."

Der Uropa gähnt noch einmal, hinter vorgehaltener Hand. Seine Augen lächeln.

9. Kapitel: Heiße Tränen in der Kälte

Am nächsten Tag auf dem Rückweg von der Schule nach Hause fragt Lina Evi: „Was ist denn jetzt eigentlich mit dem Brief?"

Svea-Malinda, die mit ihnen geht, rollt mit den Augen. „Mit dem Piratendings?"

Lina nickt kurz.

„Nicht dass ihr demnächst noch einen Schatz findet", sagt Svea-Malinda.

„Haha", macht Evi. „Wie witzig."

Lina hört gar nicht hin und fragt noch einmal, dieses Mal etwas lauter: „Was ist denn jetzt mit unserem Brief?"

Evi bleibt stehen. „Es ist nicht unser Brief."

Lina zuckt kurz. „Ich dachte, weil wir ihn zusammen gerettet haben. Aus der Flasche."

Svea-Malinda fängt an zu singen: „What shall we do with the drunken sailor, what shall we do …" Dabei tänzelt sie vor den beiden Mädchen her und fuchtelt mit den Armen.

„Okay, wenn es dich interessiert: Ich weiß jetzt, was in dem Brief steht", sagt Evi.

„Kann deine Mama diese seltsame Schrift entziffern? Oder dein Papa?"

„Nein, der Uropa von Jonathan."

Svea-Malinda stutzt. „Seid ihr zusammen? Dieser Jonathan und du?" Sie baut sich vor Evi auf.

„Was für ein Schwachsinn." Evi findet es unglaublich albern, wenn Mädchen in ihrem Alter meinen, unbedingt mit einem Jungen zusammen sein zu müssen. Evi denkt an Franzi, die sich immer kaputtgelacht hat, wenn ein paar Mädchen aus der Klasse Bustiers getragen haben, obwohl null Komma null Brust zu sehen war. „Die wollen schon erwachsen sein", sagte sie dann.

„Also doch!" Svea-Malinda reißt Evi aus ihren Gedanken. „Ihr seid ein Paar!"

Evi hebt die Augenbrauen. Sie weiß, dass das ziemlich arrogant aussieht.

„Was hat Jonathan mit unserem Brief zu tun?" Lina funkelt Evi an. Fast treten ihre Augen wie in einem Comic aus den Höhlen hervor. Sie hakt Svea-Malinda unter. Gemeinsam gehen sie einen Schritt schneller.

Evi hat keine Lust, die beiden einzuholen, und wird absichtlich langsamer. Da kommen ihr Irmgard und Elli in den Sinn.

Meine liebe Elli,
es ist nun schon zwei Jahre her, dass wir unser geliebtes Königsberg verlassen mussten.
Ich sehe dich immer noch vor mir, auf deinem Schlitten, zugedeckt mit einem Federkissen. Deine großen Augen. Deine lieben Augen. So sehr habe ich mir gewünscht, dass wir zusammenbleiben. Doch Gott hat es nicht gewollt.

Evi schießen die Tränen in die Augen. Eine kullert die Wange herunter. Sie kommt Evi ganz heiß vor, weil ihr Gesicht so kalt ist. Im kalten Norden sind die Tränen heißer als früher zu Hause. Nordische Tränen. Sie schnieft laut, aber Lina und Svea-Malinda bekommen es nicht mehr mit. Sie sind schon längst über die nächste Kreuzung gegangen. Und jetzt zeigt die Ampel wieder Rot.

Evi bleibt stehen und wischt ihr Gesicht mit dem Ärmel ihres Anoraks ab.

Du bist einfach fort. Es vergeht kein Tag, an dem ich nicht an dich denke. Inzwischen weiß ich, dass viele erfroren sind auf ihrem Weg in den Westen. Doch ich spüre, dass du lebst. Vielleicht ist es auch nur mein größter Wunsch …

10. Kapitel: Ein verpfuschter Pfannkuchentag

Papa hat frei. Er hat gekocht. Evi riecht es schon im Hausflur: Pfannkuchen. Evi liebt Pfannkuchen mit Apfelmus. Sie zieht noch einmal die Nase hoch und geht in die Küche.

„Sie sind nichts geworden", sagt Papa und macht ein Dackelgesicht.

Das passt ja wunderbar: So ein Tag – und dann werden auch die Pfannkuchen nichts. Evi könnte mit dem Fuß aufstampfen wie ein Kindergartenkind. Was für ein völlig verpfuschter Pfannkuchentag!

„Ich hab Kaiserschmarrn draus gemacht." Papa zeigt auf die Pfanne, in der kleine Teigstücke schmoren. Mit vielen Rosinen. Neben der Pfanne steht der Streuer mit dem Puderzucker.

„Du bist der Beste!" Evi drückt Papa. Sein dicker Pullover riecht nach Blumenwiese und ist so weich, dass sie schon wieder weinen könnte.

Papa guckt Evi prüfend an. „Ist alles okay?", fragt er.

Evi spürt, wie sich in ihren Augen kleine Seen bilden. „Alles gut." Sie dreht sich zur Seite.

„Evchen. Deine Augen sind ja ganz rot. Hast du geweint?"

Evi bemüht sich, die Tränen zurückzuhalten. Doch da rollen sie schon. Evi wundert es immer, dass man nie leer geweint ist. So, als ob jemand im Kopf säße, der immer wieder einen Hahn öffnet, damit neue Tränen fließen können. Vielleicht ist ihr ganzer Körper voller Tränen, die herausgelassen werden müssen.

Papa setzt sich auf den Küchenstuhl. Evi hüpft auf seinen Schoß, obwohl sie eigentlich schon zu groß dafür ist. Es ist gar nicht mehr so bequem wie früher, wenn sie auf Papas oder Mamas Schoß gesessen hat.

Mama kommt aus ihrem Arbeitszimmer. „Was riecht denn hier so verbrutzelt?“, fragt sie und läuft zum Herd. „Der leckere Kaiserschmarrn!“ Schnell zieht sie die Pfanne von der Kochplatte und stellt den Herd ab. Dann wendet sie den Kaiserschmarrn. Ein paar Stücke sind angebrannt. Mit spitzen Fingern fischt Mama sie aus der Pfanne. „Heiß!“, ruft sie und schüttelt die Hand.

Plötzlich prustet Evi los. „Willkommen im Restaurant *Bei Papa*. Heute gibt es geröstete und verunglückte Pfannkuchenstücke.“

„Ich bin halt kein Koch“, mault Papa.

„Dafür bist du ein toller Papa. Und jetzt hab ich Hunger.“ Sie bestäubt den Kaiserschmarrn mit viel Puderzucker. Nun sehen die Stücke aus wie kleine Berge mit Gletschern. „Ich esse die Berge auf.“ Evi steckt sich direkt ein Stück in den Mund.

„Was?“

„Ach nichts“, sagt Evi mit vollem Mund. „Schmeckt gut, Papa. Du bist ein Meisterkoch.“

Nach dem Essen legt sich Evi in ihrem Zimmer aufs Bett. Sie starrt an die Decke. An die Decke, die so weiß ist wie ihr Leben hier. Ein weißes Leben. In Süddeutschland war ihr Leben bunt, mit vielen Bildern, die sie immer noch im Kopf hat.

Der Brief von Irmgard liegt auf dem Regal neben ihrem Bett. Evi liest ihn sich ein weiteres Mal durch. Ob Irmgard ihre Elli wiedergefunden hat? Ob Elli Irmgard auch vermisst hat? Evi sieht Irmgard genau vor sich. Ein Mädchen, etwa in ihrem Alter.

Ich habe gerufen: Die Elli, Mama, die Elli und ihre Eltern müssen auch mit. Aber es war kein Platz mehr und mein Geschrei gefror in der eisigen Kälte.

Obwohl die Heizung an ist, fängt Evi an zu frösteln. Da kommt ihr Lina in den Sinn. Evi schämt sich ein bisschen. Denn eigentlich hat Lina ja recht: Sie haben den Brief zusammen gefunden. Oder zumindest haben sie ihn gemeinsam aus der Flasche befreit.

Dann erscheinen Svea-Malinda und ihr fieses Grinsen vor ihr. Aber Lina ist Lina und Svea-Malinda ist Svea-Malinda. Lina kann nichts dafür, dass Svea-Malinda ist, wie sie ist.

Evi nimmt ihr Handy und schreibt Lina eine Nachricht: „Hast du Zeit, zur Promenade zu kommen? Auf die Schaukel? Bringe auch die Flaschenpost mit.“ Evi legt das Handy neben sich aufs Kissen. Vor Linas Namen steht ein grüner Punkt. Lina ist online. Dennoch antwortet sie nicht.

Gerade als Evi den Kopfhörer aufsetzt, macht es „pling". Eine neue Nachricht, von Lina: „Okay." Mehr nicht.

Evi merkt, wie der Kaiserschmarrn-Berg im Bauch drückt. Sie steht auf und reckt sich. Sie hat das Handy schon in der Hand, um zu schreiben: „Kann doch nicht. Mir ist übel." Aber dann lässt sie es in die Hosentasche gleiten. Sie nimmt ihre Umhängetasche und steckt den Brief samt Notizbuch hinein. Vielleicht heißt „okay" auch einfach nur „okay", nicht mehr und nicht weniger.

Mama freut sich, als sie hört, dass Evi sich mit Lina trifft. Evi erzählt kurz von der Flaschenpost und dem Brief. Und dass sie Lina nun berichten will, was in dem Brief steht.

„Das ist ja prima", sagt Mama. Evi weiß nicht, ob Mama das findet, weil sie so noch in Ruhe arbeiten kann oder weil sie froh ist, dass Evi sich mit diesem „netten Mädchen" verabredet hat.

11. Kapitel: Aus zwei mach drei

Evi läuft zur Promenade. Dort ist ein Holzspielplatz, ein Indianerdorf mit Drachenbooten zum Balancieren und Wippen. Als kleines Kind wäre das ein Paradies für sie gewesen. Jetzt kommen ihr die hölzernen Boote und Tipis winzig vor. Nur die Schaukel, die schaukelt so hoch, dass man über die Strandbungalows blicken kann. Das findet Evi ziemlich klasse. Sie mag alles, was weit oben ist. Deshalb klettert sie auch so gerne – in den Bergen, nicht auf Spielplätzen.

Lina sitzt schon auf der Schaukel. Sie dreht sich ein und lässt sich wieder ausdrehen, ihre Beine schlackern hin und her.

„Hi“, sagt Evi vorsichtig.

Da hat sich Lina nochmals eingedreht. Als sie sich ausdreht, flitzt ihr Gesicht bestimmt zwölf Mal an Evi vorbei. Ihre langen Haare wirbeln nahezu waagerecht durch die Luft.

„Puuuh“, macht Lina. „Jetzt dreht sich alles.“ Sonst kein Wort.

Evi setzt sich auf die freie Schaukel.

„Dann zeig mal den Brief“, sagt Lina plötzlich. „Deinen Brief.“

Evi zuckt zusammen, doch in Linas Gesicht erkennt sie die Grübchen. Die hat Lina nur, wenn sie lächelt. Linas lustige Lächelgrübchen.

Evi behält den Brief in der Hand und gibt Lina das aufgeklappte Notizbuch, damit sie die Übersetzung vom Uropa lesen kann.

„Das ist ja ein Freundinnenbrief." Lina sieht Evi in die Augen.

Evi weicht Linas Blick aus. „Ein echter Freundinnenbrief", wispert sie. Sie denkt an Franzi und hält den Brief ganz fest in ihrer Hand. „Aber die Freundinnen sind nicht mehr zusammen." Evis Augen brennen.

„Wer weiß", sagt Lina und stellt beide Füße auf den Boden. „Und wenn nicht, müssen wir das eben ändern."

Dann schaukelt sie wieder – vor und zurück, vor und zurück –, bis sie sich beinahe überschlägt.

Evi muss nachdenken. Dabei kann sie nicht schaukeln. Das würde die Gedanken durcheinanderwirbeln. Sie senkt den Kopf. Und schreckt auf, denn plötzlich stehen zwei Füße mit Rollen vor ihren. Sie gehören zu Jonathan, der lautlos auf seinen Inlineskates herangefahren ist.

„Was soll das?", schreit Evi auf.

„Ist schließlich ein Indianerspielplatz", sagt er. „Da pirscht man sich eben ganz leise an."

Jonathan lacht, Lina lacht auch. Obwohl es Jonathan ist.

„Sorry. Hast du gepennt?"

„Haha, wie witzig …"

„Ich wollte mal hören, was mit dem Brief ist."

„Nichts", sagt Evi. „Bis jetzt."

„Hast du denn was vor damit?" Jonathan lässt sich in den Sand fallen.

Evi zögert, bevor sie antwortet: „Wir wollten uns vielleicht was überlegen. Lina und ich."

„Kann ich mitmachen? Überlegen und so?"

Lina verzieht den Mund.

„Lina?", fragt Evi.

„Mir egal."

„Es war ja Jonathans Uropa, der mir geholfen hat."

„Genau genommen hat der Uri so eine Art Urheberrecht an dem Brief. An der Übersetzung, meine ich."

Evi weiß nicht, was Urheberrecht ist. Aber es klingt irgendwie wichtig. „Ich fänd's fair, wenn Jonathan mitmachen dürfte", sagt sie nach einer kurzen Pause.

„Wenn du meinst." Lina seufzt und fängt wieder an zu schaukeln.

„Dann brauchen wir jetzt einen Plan", sagt Evi.

„Wofür?" Jonathan bewegt seinen Kopf hin und her, um einen Blick von Lina oder Evi zu erhaschen. Evi fragt sich, ob ihm dabei nicht schwindelig wird.

„Na, wie wir Irmgard finden natürlich!", ruft Lina und murrt: „Jungs, irgendwie schwer von Begriff …"

12. Kapitel: Der Uropa und der Krieg

Evi, Lina und Jonathan sitzen auf dem Teppich in Jonathans Zimmer. Der Brief liegt in der Mitte.

„Und nun?", fragt Evi und starrt auf die Sütterlin-Buchstaben.

„Als Erstes müssen wir Irmgard finden", meint Lina.

„Das wird schwierig. Wo sollen wir denn suchen?" Jonathan knibbelt an seinem Fingernagel. Evi beäugt seine Hände. Jonathans Nägel sind ziemlich kurz. Er scheint öfter daran zu knibbeln. Als fühlte er sich ertappt, ballt Jonathan seine Fäuste, sodass die Nägel verdeckt sind.

Jetzt fällt ihm der Pony ins Gesicht. Er pustet die Strähnen weg, dann steckt er sie hinters Ohr. Wieder bemerkt Evi die Sommersprossen. Franzi hat auch Sommersprossen. Aber Jonathan hat mehr. Evi kann sie gar nicht zählen.

Sie seufzt. „Ja, genau, wo sollen wir suchen?"

„Im Internet natürlich", antwortet Lina. „Da findet man alles."

Es klopft an der Zimmertür.

„Jona?" Der Uropa lehnt sich an den Türrahmen. Er hat wieder müde Augen. Graue müde Augen. Und viele Falten im Gesicht.

Jonathan steht auf und geht zu ihm.

„Mama hat eben angerufen“, sagt der Uropa. „Sie muss heute länger arbeiten.“

„Alles klar, Uri“, sagt Jonathan. „Dann weiß ich Bescheid.“

„Da ist ja der Brief.“ Die Augen des Uropas füllen sich mit Leben. „Der Brief, bei dem ich dir geholfen habe, nicht wahr?“

Evi nickt. „Wir wollen Irmgard finden.“

„Das ist eine gute Idee“, meint der Uropa. „Wenn sie noch nicht gestorben ist.“ Er schweigt kurz. „Aber wer weiß. Den Krieg hat sie ja überlebt. Den schlimmen Krieg.“

„Hast du eigentlich immer hier gewohnt, Uri?“

„Ich bin ein alter Ostseefisch. Wahrscheinlich bin ich schon vor meiner Geburt im Meer herumgeschwommen. Ik bün de Dorsk.“ Der Uropa schmunzelt. Evi lächelt ihn an, obwohl sie ihn nicht verstanden hat.

Jonathan stützt den Uropa, damit er nicht über den Teppich stolpert. Er führt ihn zu dem Sessel in der Ecke. Wie in Zeitlupe setzt sich der Uropa hin.

„Mein Meer hat auch unzähligen Menschen das Leben genommen“, sagt der Uropa leise. „Damals, im Krieg.“

Evi wird flau im Magen. „Warum?“, fragt sie.

„Viele Menschen mussten ihre Heimat verlassen.“

„So wie heute“, wirft Lina ein. „Viele Menschen fliehen zu uns, nach Europa.“

„Genau. Nur damals waren es Deutsche, die fliehen mussten", erwidert der Uropa. „Und die froh waren, auf einen Flüchtlingsdampfer zu kommen."

„Das sind die Menschen heute auch", sagt Lina. „Es steht ständig was von Flüchtlingsbooten in der Zeitung."

„Manche haben es nicht geschafft", fährt der Uropa fort. „Die großen Schiffe sind untergegangen, sie wurden abgeschossen. Mit zigtausend Leuten an Bord. Mit Männern, Frauen und Kindern."

Evi hat Tränen in den Augen. „In den Nachrichten war gerade etwas über ein Boot mit Flüchtlingen, das untergegangen ist …"

„Und dann?" Jonathans Stimme bebt. „Uri, was war dann?" Am liebsten würde Evi seine Hand nehmen. Aber das traut sie sich nicht.

„Viele sind gestorben. Und manche konnten gerettet werden. Sie versuchten, hier bei uns ein neues Leben zu finden."

Evi zieht den Brief zu sich. „Ob Irmgard auch auf so einem Schiff war?" Fast hat sie das Gefühl, Irmgard auf dem Stück Papier zu erkennen. Ein Mädchen, das auf ein Schiff klettert.

„Oder Elli?", fragt Jonathan.

Der Uropa sagt: „Ich hoffe, beide haben überlebt." Und wieder starrt er aus dem Fenster. Evi blickt auch hinaus, aber sie erspäht nichts außer der alten, kahlen Buche.

13. Kapitel: Volltreffer

Nachdem der Uropa mit den Worten „Jetzt lasse ich euch mal wieder allein“ ins Wohnzimmer gegangen ist, sind die drei eine Weile ganz ruhig. In Evi hallt ein Satz des Uropas nach: „Ich hoffe, beide haben überlebt … überlebt … überlebt.“ Sie schüttelt den Kopf, so, als könnten die Worte dann herausfallen.

„Und nun?“ Jonathan stützt sein Kinn auf die Hände.

Lina zieht die Achseln hoch. Es ist windig, die Buche vor dem Fenster biegt sich weit nach rechts und nach links.

Evi sagt: „Leute, wir müssen aktiv werden. Ihr habt Internet, oder?“

„Wir wohnen zwar am Rand von Deutschland. Aber hinterm Mond sind wir nicht.“ Jonathan fischt ein Tablet aus seinem Regal. „Wir haben sogar WLAN“, sagt er spöttisch.

„Wow, du hast ein eigenes Tablet?“ Linas Augen werden tellergroß.

„Nee, ist ein Familiendings. Eigentlich darf ich da heute gar nicht mehr dran.“ Jonathan schaltet das Tablet an. „Das hier ist jedoch ein Sonderfall. Es ist ja Recherche.“

„Eine lebenswichtige Recherche.“ Evi lächelt Jonathan an. Der wird rot.

Lina mosert: „Braucht das Ding ewig, oder was?“

Evis Augen werden ganz schmal. Dass Lina Jonathan immer so anpampen muss. Sie scheint durch Evi hindurchzugucken.

Es dauert noch einen Moment, bis sie im Internet sind. Lina gibt den Namen „Irmgard Sobansky“ in die Suchmaschine ein. Nichts. Kein Ergebnis, das passen könnte. Die Suchmaschine fragt: „Meinen Sie Sobanski?“

„Alte Leute findet man auch nicht so leicht im Internet“, sagt Jonathan.

„Wieso nicht?“ Linas Augen funkeln.

„Darum.“ Jonathan nimmt das Tablet. Ein paar Klicks weiter stößt er einen Schrei aus: „Ha! Volltreffer!“

„Was ist denn?“, fragt Evi.

„Ich sag nur: Internet-Telefonbuch … Ich hab sie gefunden. In Lübeck.“

Das ist gar nicht weit von Lina, Evi und Jonathan entfernt. Jonathan streckt seine Brust nach vorne. „Da muss halt ein echter Journalist ran.“

„Wie doof ist das denn? Dein Ernst?“ Lina steht auf.

„Ich bin in der Schülerzeitungsredaktion.“ Jonathan schreibt die Telefonnummer auf einen kleinen Zettel. „Gelernt ist gelernt.“

„Das ist mir zu blöd. Echt.“ Lina nimmt ihren Beutel und stürzt ohne „Tschüss“ aus dem Zimmer.

Evi zischt Jonathan an: „Musste das jetzt sein?“ Schnell läuft sie Lina hinterher. „Bleib doch bitte!“, ruft sie im Flur.

„Nö. Kannst allein mit deinem super Journalisten weitermachen. Ich bin raus.“ Und schon knallt die Haustür zu. Lina ist einfach abgehauen.

Evi macht die Tür auf. Es ist eisig, aber sie merkt die Kälte gar nicht. Sie ruft noch einmal hinter Lina her. Die dreht sich nicht mehr um. Dabei hat sich Evi so sehr gewünscht, Irmgard zu finden. Jetzt steht die Nummer auf einem Zettel und die ganze Freude ist irgendwo da draußen im Wind. Unschlüssig lehnt Evi an der Wand im Flur. Sie ist sich sicher, dass es keinen Sinn hätte, Lina hinterherzurennen.

Da steckt der Uropa seinen Kopf aus dem Wohnzimmer heraus. „Was ist denn los?“, fragt er und richtet sich die wenigen Haare. Wahrscheinlich hat er gerade geschlafen.

„Nichts“, sagt Evi.

Der Uropa stöhnt. „Das haben früher auch immer alle behauptet. Und dann war es zu spät.“

Evi murmelt ein „Auf Wiedersehen“ und geht nach Hause, ohne Jonathan Bescheid zu sagen. Draußen fällt ihr ein, dass der Brief noch in seinem Zimmer liegt. Aber das ist ihr jetzt egal.

14. Kapitel: Die Entschuldigung

Ein paar Tage später sitzt Evi in ihrem Zimmer und lernt Englischvokabeln. Sie schreibt ein Karteikärtchen nach dem anderen. Der Karteikasten ist schon voll, etliche Kärtchen liegen daneben. Seit einigen Tagen war Evi nachmittags nicht mehr draußen.

„Du wirst mir langsam unheimlich“, sagt Mama. „So viel, wie du übst.“

Wenn Mama wüsste. Aber Evi beißt sich auf die Zunge und sagt nichts.

„Willst du dich nicht mal wieder mit Lina verabreden? Oder mit Jonathan?“

„Ich lerne lieber.“ Evi starrt in ihr Englischbuch. Die Wörter tanzen vor ihren Augen.

Mama seufzt und geht zurück in ihr Arbeitszimmer. Sie hat gerade Abgabestress, eine „Deadline“, wie sie es nennt. Da ist sie immer sehr angespannt und hat für nichts anderes den Kopf frei. Zum Glück, sonst würde sie sicher noch weiter nachbohren.

Plötzlich klingelt es. Evi springt auf und saust in den Flur. Einige der Vokabelkärtchen fliegen auf den Boden.

Als sie aufmacht, steht Jonathan vor der Tür. Evi sagt nichts. Er sagt auch nichts. Stattdessen fummelt er in seiner Hosentasche und zieht den Brief heraus. „Wollte ich dir geben. Den hast du vergessen.“

Wortlos nimmt Evi den Brief und streicht ihn wie von selbst glatt. Sie überlegt, ob sie die Tür jetzt einfach schließen soll.

Da sagt Jonathan: „Sorry auch. Ich war blöd, bei unserem Treffen."

„Das stimmt." Evi kratzt sich an der Nase und denkt kurz nach. „Das müsstest du vielleicht Lina sagen."

„Kommst du mit?", fragt Jonathan.

Evi zögert. Dann nickt sie, denn es ist gut, mal wieder rauszukommen. Sie flitzt zu Mama, um Bescheid zu geben. Die strahlt. „Das ist ja prima", sagt sie.

„Mmmh", macht Evi und sieht zu, dass sie schnell aus dem Arbeitszimmer kommt, bevor Mama noch eine Lobeshymne auf die frische Luft singen kann.

Evi und Jonathan spielen, dass man die Fugen der Platten auf dem Bürgersteig nicht berühren darf, bis sie vor Linas Tür stehen. Evi klingelt. Einmal, zweimal. Nichts.

Gerade, als die beiden gehen wollen, öffnet sich die Tür. Bevor Evi Lina sieht, hört sie ein schrilles Lachen. Ein Svea-Malinda-Lachen, das direkt in den Magen fährt. Schon taucht Svea-Malinda hinter Lina auf und legt den Arm um ihre Schultern.

„Was wollt ihr?", fragt Lina, ohne eine Miene zu verziehen. Ihr Gesicht wirkt wie aus Stein.

„Ich wollte … ich wollte … mich entschuldigen", stottert Jonathan.

„Okay“, sagt Lina. „Und sonst?“

Svea-Malinda kichert. „Die sind doch zusammen“, flüstert sie so laut, dass Evi es hört.

„Nichts sonst.“ Evis Augen werden zu kleinen Eiskristallen. Dann wendet sie sich zu Jonathan. „Lass uns gehen.“

Jonathan stammelt: „Ja, aber … warum …“

Evi zieht ihn einfach mit sich.

15. Kapitel: Der Anruf

Evi und Jonathan traben stumm nebeneinander her. Das Kichern von Svea-Malinda verfolgt Evi auf dem ganzen Weg zurück. Es scheint sich in ihr Ohr gesetzt zu haben.

Vor Jonathans Haus bleiben die beiden stehen. „Und nun?", durchbricht Jonathan das Schweigen.

„Keine Ahnung." Evi schüttelt den Kopf, damit dieses Kichern wieder aufhört. Sie atmet einmal tief durch. Soll diese Svea-Malinda denken, was sie will. „Ich finde, wir sollten weiterforschen. Ob mit oder ohne Lina."

Jonathan strahlt. „Echt?", fragt er. „Dann müssen wir jetzt endlich telefonieren." Er holt sein Handy aus der Hosentasche. „Ich hab die Nummer schon gespeichert. Vorsorglich." Er grinst. „Journalist eben."

„Alter Angeber!" Evi kann sich ein Lachen nicht verkneifen. Jonathan lacht mit. Seine Sommersprossen hüpfen dabei auf und ab. Das sieht lustig aus. Hüpfende Punkte.

Jonathan wedelt mit dem Handy vor Evis Gesicht. „Rufst du an oder soll ich?"

„Na, der Journalist natürlich. Der kann das doch so gut."

„Ich weiß nicht recht. Mach du lieber."

„Journalistenangst?"

Evi tippt die Ziffern ein. Es kribbelt in ihrem Bauch. Jonathan stellt sich dicht neben sie, sodass er auch etwas hören kann. Evi riecht sein Shampoo. Da kribbelt es noch mehr. Alles kribbelt. Das Shampoo riecht nach frischer Minze.

Tuuut. Tuuut. Das Tuten scheint eine Ewigkeit zu dauern. Evi will schon auf die rote Taste drücken, als sich eine Frau meldet: „Hallo?“ Die Stimme ist ganz leise.

„Äh, ja, hier ist Evi. Also, wir haben Ihre Flasche gefunden. Die Post meine ich, die Post aus der Flasche.“

Stille.

„Sind Sie noch dran? Sie sind doch Frau Sobansky?“

„Die bin ich.“

„Sie haben an Elli geschrieben ... Haben Sie sie inzwischen wiedergefunden?“

„Elli", wiederholt Frau Sobansky langsam. „Meine Elli." Ihre Stimme wackelt. „Nein, sie ist für immer verschwunden."

„Wir werden Elli finden!"

„Frag, ob wir mal vorbeikommen dürfen", flüstert Jonathan.

Evi fragt.

„Das würdet ihr machen?" Frau Sobansky klingt erstaunt.

Evi beeilt sich zu sagen, dass sie das auf jeden Fall machen würden. Gerne sogar.

Frau Sobansky sagt, dass sie jederzeit kommen dürfen. „Ich hab ja sonst nicht viel zu tun. In meinem Alter hat man nicht mehr so oft etwas vor."

Sie vereinbaren ein Treffen für den nächsten Tag. Das ist ein Samstag, das passt gut. Nur noch eine Nacht schlafen, dann fahren sie nach Lübeck. Zu Frau Sobansky. Evi weiß schon jetzt, dass sie heute Nacht kein Auge zumachen wird.

16. Kapitel: Die Versöhnung

Mama ist erst gar nicht erfreut zu hören, dass Evi mit Jonathan nach Lübeck fahren will. Ohne einen Erwachsenen. Sie sagt, dass sie diesen Spürsinn zwar toll findet, aber es klingt nicht wirklich überzeugt. „Spürsinn", was ist das für ein Wort, denkt Evi. So, als würde sie bei „Fünf Freunde" mitspielen.

„Soll ich vielleicht mitkommen?", fragt Mama.

„Du wolltest morgen arbeiten", sagt Evi. „Deine Deadline."

Mama reibt sich den Kopf. „Ich könnte Sonntag arbeiten und morgen freimachen."

Evi stellt sich vor, wie Mama zwischen ihr und Jonathan in der Bahn sitzt. Und wie sie zu dritt, am besten noch an der Hand, bei Frau Sobansky auftauchen. „Nee, Mama, echt nicht. Wir steigen hier ein und sind fix in Lübeck. Jonathan kennt sich dort aus."

Auf Mamas Stirn bilden sich Denkerfalten. „Ich weiß nicht so recht …"

„Aber ich!"

„Lina fährt nicht mit? Wenn ihr zu dritt wärt, wäre es mir lieber …"

Lina. Bis gerade war Evi völlig klar, dass sie nur mit Jonathan nach Lübeck fährt. Plötzlich fühlt sie sich gar nicht mehr wohl dabei, Lina nicht mitzunehmen. Schließlich war es Linas Idee, Frau Sobansky und Elli zu suchen. „Keine Ahnung“, antwortet sie so unbeteiligt wie möglich.

Mamas Augen blitzen. „Evi, dieses ‚keine Ahnung‘ geht mir auf den Geist. Man kann nicht immer sagen, dass man ‚keine Ahnung‘ hat.“

Ausnahmsweise hat Mama mal recht. Nur „keine Ahnung“ zu haben, das wäre zu einfach. Dieses Mal zumindest. „Bis jetzt fährt Lina nicht mit.“

Ehe Mama nachfragen kann, klingelt das Telefon im Arbeitszimmer. „Ich muss da dran!“, ruft Mama noch. „Ist wichtig. Entschuldige!“

Evi schüttet Wasser in ein Glas und trinkt langsam. Sie muss nachdenken und da hilft so ein Glas Wasser manchmal. Bevor Mama gleich wieder aus dem Arbeitszimmer kommt und wegen Lina nachbohrt, muss Evi wissen, was sie ihr sagen soll.

Ihr fällt ein, wie sie mit Lina geschaukelt hat. Wie sie fast an den Wolken gekratzt haben. Ihr war, als ob sie schwebte. Dann hat sie wieder Svea-Malinda vor Augen und vor allem im Ohr.

Hätte sie die Flaschenpost mit Franzi gefunden, wäre es überhaupt keine Frage, dass sie zusammen zu Frau Sobansky fahren würden. Aber im Badesee hat sie bisher keine Flaschenpost gefunden. So ist es nun einmal.

Evi ruft die Kontaktliste auf ihrem Handy auf. *Lina* steht da. Evis Finger schwebt über dem Display. Wie von selbst drückt er kurz darauf auf „Anrufen“.

„Evi?“ Linas Stimme klingt erstaunt. Immerhin ist sie sofort drangegangen.

Evi erzählt von dem Telefonat mit Frau Sobansky und von dem Plan, sie gleich morgen zu besuchen. Lina schweigt.

Evi schluckt. „Magst du mitkommen?“, fragt sie.

„Zu dritt?“ Lina hört sich nicht wirklich erfreut an.

„Genau. Zu dritt“, sagt Evi mit fester Stimme. Und dann rutscht ihr heraus: „Bestimmt nicht zu viert. Also nicht mit Svea-Malinda.“

„Die hätte eh keine Lust dazu“, meint Lina. „So was ist nichts für sie.“

„Nee, die würde nur nach Lübeck fahren, um zu shoppen.“ Als es draußen ist, ärgert sich Evi über sich selbst. Kann sie nicht einfach mal die Klappe halten?

Aber Lina geht darüber hinweg, als hätte sie nichts gehört. „Ich würde gerne mitfahren“, sagt sie. Und fügt hinzu: „Wegen Irmgard und Elli, weißt du.“

Evis Herz macht einen kleinen Hüpfer. „Das freut mich.“

„Und wegen dir auch“, sagt Lina.

17. Kapitel: Die Flaschenpostkrankheit

In der Nacht kann Evi tatsächlich kaum schlafen. Sie hat es ja schon geahnt. Immer wieder schreckt sie hoch und sieht Elli vor sich. Ein Mädchen, das seiner Freundin hinterherläuft und dann keine Kraft mehr hat. Ein Mädchen, das durchgefroren ist und sich nicht mehr bewegen kann. Ein Mädchen, das ruft und ruft, aber keinen Ton herausbringt. Evi richtet sich im Bett auf, knipst das Nachttischlämpchen an und liest den Brief ein weiteres Mal.

Ich habe gerufen: Die Elli, Mama, die Elli und ihre Eltern müssen auch mit. Aber es war kein Platz mehr und mein Geschrei gefror in der eisigen Kälte.

Evi döst noch einmal ein. Da erscheint ihr ein Pferdewagen voller Menschen. Mittendrin Irmgard. Irmgard, die den Arm ausstreckt nach Elli. Aber die Pferde traben unaufhaltsam weiter. Irmgard ist so traurig, dass sie den schmerzenden Fuß gar nicht mehr spürt. Evi blickt in Irmgards Augen, große Augen gefüllt mit Tränen.

Am nächsten Morgen fühlt sich Evi wie nach einem 1000-Meter-Lauf. Sie räkelt sich und versucht, den Traum loszuwerden. Ihre Augen wollen wieder zufallen. Nur die Aussicht, nach Lübeck zu fahren, lässt sie trotz allem so früh aufstehen, als wäre Schule.

Viel eher als vereinbart steht Jonathan vor der Tür. „Ich war total früh wach und konnte nicht mehr einschlafen“, sagt er. Er hat Ringe unter den Augen.

„Kenn ich.“ Evi schnallt sich ihren Rucksack auf.

Da kommt Papa. „Passt gut auf euch auf, ja?“

„Ja, Paps.“

„Und seid höflich zu der alten Frau.“

„Paps!“

„Ich bin ja schon ruhig.“ Papa umarmt Evi kurz. Dann drückt er ihr einen Zehneuroschein in die Hand. „Für Pommes. Wer recherchiert, muss sich auch stärken.“

Evi pfeift durch die Zähne. Sonst gibt es nie Pommes. Sie sollte häufiger alte Briefe finden.

Kaum sind Evi und Jonathan draußen, kommt auch schon Lina um die Ecke. „Ich bin müde." Lina reibt sich die Augen. „Und gleichzeitig bin ich hellwach."

„Kennen wir", sagen Evi und Jonathan wie aus einem Mund.

„Das ist die Flaschenpostkrankheit." Lina gähnt.

Evi geht in der Mitte, zwischen Jonathan und Lina, und hakt Lina unter. Kurz überlegt Evi, Jonathan auch unterzuhaken, aber dann lässt sie es. So läuft Jonathan neben den beiden Mädchen.

Die Zugfahrt dauert nicht lange. Dennoch haben die drei das Gefühl, mit einer Schnecke unterwegs zu sein. „Dass diese Bimmelbahn auch an jedem Strauch hält." Evi rutscht auf ihrem Sitz hin und her. Jonathan knibbelt an seinem Nagel. Zur Ablenkung spielen sie „Schnick, Schnack, Schnuck", bis sie endlich da sind.

Das Haus, in dem Frau Sobansky wohnt, liegt in der Nähe vom Bahnhof. Die drei können zu Fuß gehen. Es ist ein altes Haus mit vielen Wohnungen. Lina sucht den Namen „Sobansky" und klingelt. Es dauert ein bisschen, dann ertönt der Türsummer.

Die drei stürmen ins Haus. Ein Stockwerk hoch, noch ein Stockwerk. In der zweiten Etage steht Frau Sobansky in der Tür, eine Frau mit grauen, kurzen Haaren. „Kommt rein", sagt sie.

Evi gibt ihr die Hand. Die Hand der alten Frau ist ganz knochig und zittert leicht. Evi schaut sich um. Im Flur hängt ein großes Bild. Jemand hat in winzigen Kreuzstichen ein Schloss mit einem Platz und vielen Bäumen gestickt. *Ostpreußen, du süße Heimat* steht darunter. Kreuzstich für Kreuzstich hat sich jemand das frühere Zuhause nach Lübeck geholt. In eine Zweizimmerwohnung, mitten in der Innenstadt.

18. Kapitel: Besuch bei Frau Sobansky

„Ihr habt also meine Flaschenpost gefunden." Frau Sobansky setzt sich in einen Sessel. „Die Beine, sie machen nicht mehr so gut mit", sagt sie. Und dann wird ihre Stimme leise: „Ich kann es gar nicht glauben. Sie ist über siebzig Jahre in der Ostsee geschwommen, um nur ein paar Kilometer weiter zu stranden." Frau Sobansky nestelt an ihrem Pulli und zieht ihn gerade.

Evi hat ihre Hände in den Anoraktaschen vergraben. Sie fühlt sich komisch hier bei einer Frau, von der sie nichts kennt als einen Brief und ihren Namen. Zum Glück stehen Jonathan und Lina in dem fremden Wohnzimmer neben ihr. Evi beäugt das Zimmer. An der Wand hängt ein Gemälde, darauf sind Menschen in Trachten zu sehen. Und auf dem Schränkchen stehen bemalte Teller.

„Ihr wundert euch sicher, warum ich eine Flaschenpost geschickt habe. Damals, als Kind."

Die beiden Mädchen und Jonathan nicken.

Frau Sobansky seufzt tief. „Setzt euch." Sie zeigt auf eine fein gehäkelte Decke auf einem Sofa. Es ist ziemlich eng auf der Couch für die drei.

Evi betrachtet Frau Sobansky. Sie kann sich gar nicht vorstellen, dass diese Frau einmal ein Mädchen in ihrem Alter war. Dass sie die Irmgard ist, die den Freundinnenbrief geschrieben hat.

Frau Sobanskys Stimme holt Evi zurück nach Lübeck, in das Mietshaus. Langsam fängt die alte Frau an zu erzählen.

Elli und ich, wir haben nebeneinander gewohnt. Weit im Osten haben wir gelebt, in Königsberg. Im Stadtteil Neue Sorge. Ja, der hieß wirklich so. „Wir haben keine Sorgen, keine alten und keine neuen“, haben wir früher immer gesagt. Bis die Sorgen dann kamen, die großen Sorgen. Da waren wir zehn Jahre alt. Es war Krieg. Wir konnten nicht in unserer Stadt bleiben, es war zu grausam dort, wir mussten weg. Fliehen, fort aus unserer Heimat.

„Aber warum?", fragt Evi. „Was war dort, bei Ihnen in der Stadt?"

Frau Sobansky streicht den Tischläufer glatt, der auf dem Wohnzimmertisch liegt. Dann stellt sie zwei Kerzenständer zurecht. Schließlich sitzt sie da, ohne sich zu bewegen. Evi kommt sie vor wie ein Eiszapfen. Frau Sobansky schüttelt sich kurz, so, als wollte sie etwas loswerden. Dann fährt sie fort.

Ihr wisst wahrscheinlich, dass Deutschland unter Hitler einen schlimmen Krieg angezettelt hatte. Unter anderem war es Russland, das diesem Krieg ein Ende bereiten wollte. Darunter litten dann aber auch ganz normale Menschen. Meine Mutter, ich, Elli … ja, Elli …

Die russische Armee ist in Ostpreußen einmarschiert. Und daher konnten wir dort nicht bleiben. Wir mussten unser Haus und unsere Stadt verlassen, so schnell wie möglich. Sonst wären wir wohl gestorben. Das war unsere einzige Chance.

Ich weiß noch genau, was für ein Tag es war. Eiskalt und verschneit. Ich habe im Gärtchen einen Schneemann gebaut. Heute würde man eine Möhre als Nase nehmen, doch das durfte ich damals nicht. Ich durfte kein Essen in ein Schneemanngesicht stecken. Denn wir hatten nicht viel Geld.

Mein Vater war zwei Jahre zuvor an der Front gestorben, er war Soldat. Er ist gefallen, wie man sagt. Das

Wort habe ich nicht verstanden, damals. Wenn man fällt, steht man wieder auf. Aber er ist nicht wieder aufgestanden. Er ist einfach nicht zurückgekommen. Nie mehr.

Ich nahm also keine Möhre als Nase, sondern suchte einen kleinen Stock. Lustig sah der Schneemann aus, mit dieser krummen Stocknase. Kurz darauf konnten wir nicht mehr lachen.

Jonathan fängt an, wieder an seinen Nägeln zu knibbeln. Jetzt kaut er sogar. Am liebsten würde Evi seine Hand festhalten, damit seine Nägel nicht noch kürzer werden. Sie hat einen ganz trockenen Mund, ihre Zunge scheint am Gaumen festzukleben. Sie traut sich nicht, nach einem Glas Wasser zu fragen. Das kommt ihr unpassend vor. Sie sammelt etwas Spucke im Mund, um das trockene Gefühl wegzubekommen.

19. Kapitel: Die Geschichte der Flucht

Frau Sobansky lehnt sich zurück. Auf einmal wirkt ihr Gesicht faltiger als zuvor, so, als wäre sie in den letzten Minuten noch mehr gealtert. Frau Sobansky scheint gar nicht wirklich hier zu sein. Ein Teil von ihr ist woanders.

Evi überlegt, ob es für die Frau vielleicht zu anstrengend sein könnte. Frau Sobansky zögert nur kurz, dann redet sie weiter. Sie flüstert fast. Evi und die anderen müssen sich nach vorne beugen, um sie zu verstehen.

Wir gingen zu Fuß durch den Schnee. Meine Mutter dachte, wir kämen zurück, irgendwann. Sie hat schnell alles, was uns wichtig war, im Keller verstaut, für später. Mitnehmen konnten wir nur das Nötigste. Ich packte in meinen Ranzen mein Lieblingsfoto, von Elli und mir. Und meinen Teddybären, ohne den ich nicht einschlafen konnte. Den hatte Vater mir geschenkt, bevor er in den Krieg zog. Ich habe den Bären Walli genannt, weil mein Vater Walter hieß. Walli musste auf jeden Fall mit.

Meine Mutter nahm nur ihre Umhängetasche, mit Besteck und wichtigen Unterlagen. Außerdem hatte sie einen kleinen Koffer mit ein paar dicken Anziehsachen dabei.

Wir liefen und liefen. Meine Stiefel waren zu eng, mir taten die Füße so weh. Und kalt waren sie, weil ich sie in den engen Stiefeln nicht bewegen konnte. Ich spürte sie nicht mehr, meine Füße. Ich weinte und hatte das Gefühl, dass meine Tränen am Gesicht festklebten.

Aber hinter mir war Elli, auf einem Schlitten, und das machte mein Herz warm. Immer, wenn ich dachte, dass ich nicht weiterkann, drehte ich mich um und blickte in ihr Gesicht. Reden konnten wir nicht mehr, jedes Wort war anstrengend. Unsere Augen sprachen. Wir hatten uns, das wussten wir.

Dann knickte ich um und schrie laut vor Schmerzen. Ich hatte das Gefühl, dass mein gefrorener Knöchel einfach durchgebrochen war, wie ein alter, morscher Ast. Mir wurde schwarz vor Augen.

Da musste Mutter mich tragen. Sie war so tapfer, sie beschwerte sich nicht ein einziges Mal, obwohl ich ja kein kleines Kind mehr war. Sie hätte ruhig was sagen können, ich wusste, dass dies kein Spaziergang war.

Mutter schlüpfte aus ihren Socken und ging barfuß in ihre Schuhe. Sie müssen schrecklich gescheuert haben. Ihre Wollsocken stülpte sie mir über die Stiefel, damit meine Füße warm wurden.

Irgendwann kam endlich ein Pferdewagen vorbei, auf dem Menschen dicht an dicht saßen. Mutter bettelte den Kutscher an, er möge uns auch mitnehmen. Wir hatten Glück, zwei Männer zogen uns einfach hoch. Auf dem Wagen bekam ich fast keine Luft mehr, so viele Menschen waren dort oben, aber zumindest spürte ich wieder etwas Leben in meinen Händen und Füßen.

Doch Elli, der konnte ich nur noch winken. Den Schlitten hatten ihre Eltern lange vorher stehen gelassen, mit dem Schlitten war man zu langsam. Elli rannte eine Weile neben dem Pferdewagen her. Ihre Eltern riefen immer wieder. Aber sie schafften es nicht, ebenfalls auf den Wagen zu kommen. Längst war es Abend geworden. Erschöpft fiel Elli zu Boden.

Darüber vergaß ich meinen schmerzenden Fuß, der zum Glück nur verstaucht und nicht gebrochen war. Was ist schon ein verstauchter Fuß?

Ich sehe noch heute Ellis große, entsetzte Augen vor mir. Ihr Gesicht, das kleiner und kleiner wurde und irgendwann in der Dunkelheit verschwand.

Frau Sobansky hält inne. „Ich brauche etwas zu trinken", sagt sie. Mit beiden Händen stützt sie sich auf den Armlehnen ab, um aufstehen zu können. Kurz überlegt Evi, ob sie aufspringen und ihr helfen soll. Doch dann bleibt sie sitzen.

Ganz langsam geht Frau Sobansky in die Küche und kommt mit einem Tablett zurück. Darauf stehen Gläser und eine Flasche mit Limo. „Gelber Sprudel für euch", sagt Frau Sobansky. Sie gießt Evi, Lina und Jonathan etwas ein und nimmt selbst einen Schluck.

Evi hat das Gefühl, dass ihr die Flüssigkeit im Hals stecken bleibt, obwohl sie Durst hat. Eigentlich mag sie Limo gerne, aber heute kommt sie ihr bitter vor.

Frau Sobanskys Augen glänzen feucht.

„Das ist eine traurige Geschichte“, sagt Evi. „Wirklich.“ Das klingt so oberflächlich, findet sie, als es raus ist. Am liebsten würde sie die Hand von Frau Sobansky nehmen. Diese kleine knochige Hand, die aussieht wie eine Kinderhand in alt.

„Es ist leider eine wahre Geschichte“, sagt Frau Sobansky. „Wenn ihr wiederkommen wollt, erzähle ich euch mehr. Heute bin ich zu müde.“ Dann huscht ein Lächeln über ihr Gesicht. „Ihr wollt doch noch einmal kommen, nicht wahr?“

Evi würde gerne sofort fragen, was denn jetzt mit Elli passiert ist, aber sie schluckt die Frage hinunter. Sie ist sich sicher, dass sie wiederkommen werden. Ganz bald. Und dann werden sie mehr erfahren.

20. Kapitel: Schönes Schweigen

Auf der Rückfahrt sind die drei ganz still. Evi hat das Gefühl, dass ihr Mund zugenäht ist. Egal, jedes Wort wäre sowieso zu viel oder irgendwie unpassend, denkt sie. Die Landschaft rauscht in Streifen an Evi vorbei. Ihre Gedanken sind weniger geordnet, sie purzeln wild durcheinander. Nichts davon könnte sie in Worte fassen.

Sie entdeckt den Zehneuroschein in ihrer Anoraktasche. Den hat sie völlig vergessen. Aber sie ist sich sicher, dass auf Pommes jetzt ohnehin niemand Lust hätte.

Die Sonne scheint durch das Zugfenster. Es ist warm hinter der Scheibe. Aber Evi klappert mit den Zähnen. Frau Sobanskys Geschichte jagt ihr kalte Schauder über den Rücken. Sie bewegt ihren Fuß hin und her und denkt an den verstauchten Knöchel von Irmgard. Damals.

Dann denkt sie an Franzi. Auch sie und Franzi wurden getrennt. Sofort fühlt sich Evi ein wenig schäbig. Sie kann Franzi anrufen. Jeden Tag. In den Ferien kann sie sie besuchen. Sie weiß, dass es Franzi gut geht. Evi ist eben nur umgezogen. Ist in einem Umzugswagen mit allem, was sie mitnehmen wollte, an die Ostsee gefahren. Und ihre Eltern waren immer bei ihr. Sie war nie allein.

Da fällt Evi ein, dass Papa gesagt hat, sie solle auf jeden Fall schreiben, wenn sie auf der Rückfahrt sind. Schnell schickt Evi ihm eine Nachricht übers Handy. Wie schön wäre es, wenn Papa jetzt neben ihr sitzen würde. Das würde sie natürlich niemals zugeben.

Evi seufzt laut. Lina seufzt auch. Jonathan atmet tief durch. Er durchbricht als Erster die Stille: „Das war ein trauriger Besuch."

„Ein sehr trauriger", sagt Lina.

„Wir fahren aber noch einmal hin, oder?"

Lina nickt. „Wir wollen Elli auf jeden Fall finden."

Jonathan macht ein wichtiges Gesicht. „Das ist jetzt unser Auftrag, sozusagen."

„Spinner", sagt Lina. Aber dieses Mal muss sie schmunzeln.

Dann schweigen die drei wieder, doch es fühlt sich gut an. Gar nicht seltsam. Nicht so, als hätten sie sich nichts zu sagen. Sondern so, als müssten sie nichts sagen. Evi zieht die Nase kraus. Die Sonne kitzelt. Ihr wird wärmer.

Als sie am Bahnhof ankommen, traut Evi ihren Augen nicht: Papa wartet auf dem Bahnsteig.

„Was machst du denn hier?"

„Ich war gerade in der Nähe … Da dachte ich, ich komme mal vorbei …"

„Paps!"

„Okay, du hast gewonnen", gibt Papa zu. „Ich wollte dich abholen. Habe mir Sorgen gemacht."

„Grrrr", macht Evi, nimmt dann aber Papas Hand und drückt sie fest. „Es war traurig, ganz doll traurig." Evi hält einen Moment inne. „Und schön war es auch. Es war schön, dass Frau Sobansky erzählen konnte. In ihrem Alter. Und dass sie ausgerechnet uns ihre Geschichte erzählt hat."

„Wo sie uns gar nicht kennt", ergänzt Lina.

„Den ersten Teil der Geschichte. Wir wollen nämlich noch mal hinfahren", sagt Jonathan. „Wir müssen ja weiterrecherchieren."

„Und Elli finden", fügt Lina hinzu.

„Vor allem das", sagt Evi.

Papa streichelt Evi über die Haare. Sonst wäre ihr das peinlich, aber heute ist alles anders.

21. Kapitel: Evis Traurigkeit

Es ist Sonntag. Und Evi ist krank. Ihr Kopf tut weh. Evi kommt es so vor, als ob ein kleiner Hammer von innen gegen die Stirn klopft. Das hat gerade noch gefehlt. „Am Meer muss man besonders mit dem Wind aufpassen“, sagt Mama. „Da fängt man sich schnell was ein.“

„Ich bin nicht erkältet.“ Leider hört sich Evis Stimme etwas krächzend an. Nicht dass Mama jetzt wieder erklärt, dass Evi immer eine Mütze tragen soll. Und einen Schal. Und dass sie die Jacke bis oben schließen soll. Das macht Mama nämlich oft, seit sie an der Ostsee wohnen. So, als wäre Evi erst fünf Jahre alt. „Ich hab nur Kopfweh.“ Sie versucht zu lächeln. „Mehr nicht.“

„Wahrscheinlich war es gestern zu anstrengend. Und zu aufregend“, meint Mama.

Da klingelt Evis Handy. Evi setzt sich im Bett auf, um besser telefonieren zu können.

„Wollen wir uns heute treffen?“ Lina ist dran.

Evi fragt Mama, die gleich abwimmelt. Es hilft nichts, Evi muss sich ausruhen. Der Kopf dröhnt und ihr ist schwindelig. Sie beendet das Telefongespräch mit Lina und lässt sich wieder aufs Bett sinken. Sofort fallen ihr die Augen zu. Sie ist völlig ermattet und schläft ein. Leise lehnt Mama die Tür an.

Im Schlaf wälzt Evi sich. Plötzlich ist sie es, die durch den Schnee stapft. Die ihre Füße nicht mehr spürt. Ihr Gesicht sieht aus wie das eines Schneemanns, mit einer Stocknase mittendrin. Der Schneemann weint, er hat Furchen im runden Gesicht. Elli rennt hinter ihm her, stolpert in den Schnee und bleibt liegen.

„Neiiiiiin!" Ein gellender Schrei hallt durchs Kinderzimmer. Evi wacht von ihrer eigenen hohen Stimme auf.

Papa steht an ihrem Bett. Er sieht besorgt aus. Langsam setzt er sich auf die Bettkante und streicht ihr die verschwitzten Haare aus dem Gesicht.

Evi ist verwirrt. „Wo bin ich?"

„Du hast schlecht geträumt, Evchen."

Evi fühlt sich ganz klein, so wie früher, als sie öfter von Monstern geträumt hat, die sie verfolgten. Winzige Seen bilden sich in Evis Augen. Alles ist verschwommen. „Ich habe von Elli geträumt, Paps." Und auf einmal rollen die Tränen. Evi sucht kurz den Hahn zum Abstellen, dann lässt sie den Tränen freien Lauf. Ihr Körper schüttelt sich. Papas Pulli wird nass, aber er sagt nichts, sondern lässt Evi einfach weinen. Evi ist froh, dass Papa da ist.

Nach dem Weinkrampf atmet Evi tief durch. Das Hämmern im Kopf hat mit einem Mal aufgehört. Die Tränen haben die Kopfschmerzen weggespült.

„Das ist ja auch eine sehr bedrückende Geschichte, Evchen. Da kann man schon mal weinen." Papa seufzt.

„Und Frau Sobansky zuhören. Und helfen", sagt Evi schnell. Sie hat ein wenig Angst, dass Papa ihr den nächsten Besuch in Lübeck verbieten wird.

Doch Papa sagt nur: „Ich bin stolz auf dich. Und auf deine neuen Freunde."

„Deine neuen Freunde" – wie gut sich das anhört. „Freunde", was für ein schönes Wort.

Evi springt aus dem Bett. „Mir geht's wieder besser", sagt sie.

Auf einmal sieht Evi Franzi vor sich. Seit sie bei Frau Sobansky war, vermisst sie ihre Freundin so sehr, dass es wehtut im Bauch. Die ganze Sehnsucht ist da im Bauch drin.

Zum ersten Mal seit langer Zeit schreibt Evi Franzi einen Brief. Einen echten Brief, mit dem Kugelschreiber auf Papier. Einen Freundinnenbrief eben, keine Nachricht auf dem Handy, die nur kurz aufflackert. Sie erzählt Franzi alles: von Svea-Malinda, die sie blöd findet, von Lina und von Jonathan, die vielleicht neue Freunde sein können, und vor allem von Frau Sobansky und Elli. Während sie von Lina und Jonathan schreibt, merkt sie, wie eine kleine Luftblase Glück in ihr blubbert. Ein ganz neues Gefühl.

Den Brief steckt sie in einen blauen Umschlag. Blau passt gut zur Ostsee, findet Evi. Sie nimmt den Brief und geht in die Küche. Im Flur riecht sie schon das Mittagessen.

Mama hat Fleischpflanzerl gemacht, mit Kartoffelbrei. Das ist Evis Lieblingsessen, in Fleischpflanzerl könnte sie sich reinsetzen. Und außerdem hat sie richtig Hunger.

„Du siehst wieder viel besser aus“, stellt Mama fest.

„Mir geht es prima.“ Evi steckt sich eine große Portion Kartoffelbrei in den Mund und schmatzt. „Ich flitze gleich noch mal zum Briefkasten.“

„Die Luft wird dir guttun“, sagt Mama.

Draußen merkt Evi, wie ihr der leichte, aber nicht allzu kühle Wind den Kopf freibläst. Vielleicht hat

Mama doch recht, wenn sie immer von der „gesunden frischen Luft" anfängt. Evi hüpft zum Briefkasten.

Pfeifend bummelt sie weiter zur Promenade. Von Weitem sieht sie die Schaukel, mit zwei Mädchen darauf. Als sie näher kommt, erkennt sie, wer da schaukelt: Es ist Lina. Und Svea-Malinda. Sofort pocht Evis Kopf einmal kurz, so, als hätte sich der kleine Hammer da drin nur ausgeruht. Svea-Malinda sitzt auf der Schaukel, auf der Evi sonst immer sitzt. Sie mustert Evi von oben bis unten. Evi lässt sich nichts anmerken, sondern lehnt sich lässig ans Schaukelgerüst.

„Wieder gesund?", ruft Lina von oben, irgendwo knapp unter den Wolken.

„Alles gut", sagt Evi, obwohl sie merkt, dass nichts gut ist.

Lina springt in hohem Bogen von der Schaukel. „Willst du mal?" Sie hält Evi die Schaukel hin.

Evi überlegt kurz, dann nickt sie. Svea-Malinda springt auch ab. Plötzlich hat Evi keine Lust mehr zu schaukeln. Heute ist Schaukeln blöd. Und allein zu schaukeln ist noch blöder. Evi denkt an den meerblauen Brief, der gerade unterwegs in die Berge ist.

Lina kommt einen Schritt auf Evi zu und fragt: „Sollen wir nächste Woche wieder zu Frau Sobansky fahren?"

„Wohin?" Svea-Malinda drängt sich zwischen die beiden und guckt Lina neugierig an.

„Egal. Wegen der Flaschenpost."

Dieses Mal lacht Svea-Malinda nicht.

Ehe sie weiter nachbohren kann, erklärt Lina: „Ist was von Evi und mir."

„Aha", sagt Svea-Malinda. Mehr nicht.

In dem Moment tut sie Evi fast ein bisschen leid.

22. Kapitel: Hunger und Schmandkuchen

Wieder sitzen Evi, Lina und Jonathan bei Frau Sobansky im Wohnzimmer. Frau Sobansky freut sich richtig über den Besuch. Sie hat sogar etwas Farbe im Gesicht, das beim letzten Mal sehr fahl aussah. „Endlich Leben in der Wohnung", sagt die alte Frau. „Sonst ist es immer so ruhig." Einen Augenblick ist sie still. „Und so einsam."

Ab und zu ist Evi auch allein, obwohl sie von Menschen umgeben ist. Doch im Moment hat sie das Gefühl, neue Freunde zu haben. Das hat Papa ganz richtig erkannt.

Wie beim letzten Besuch setzt sich Frau Sobansky in den Sessel. Die Limo steht bereits auf dem Tisch. Und Kuchen. Evi hat Hunger auf Kuchen.

Als könnte Frau Sobansky Gedanken lesen, sagt sie: „Das ist Schmandkuchen. Aus Ostpreußen. Den hat schon meine Mutter gebacken." Sie reicht jedem der Kinder eine Serviette. „Nehmt euch – den könnt ihr mit der Hand essen."

Evi beißt ein Stück ab. „Lecker", sagt sie mit vollem Mund. Sie kichert leise vor sich hin, weil Papa sie vor dem ersten Besuch ermahnt hat, „höflich" zu sein.

Frau Sobansky lehnt sich zufrieden zurück. „Ich habe schon lange nicht mehr gebacken. Ein Wunder, dass mir der Kuchen gelungen ist." Sie genießt es, dass die drei es sich schmecken lassen. „Das war früher mein Lieblingskuchen", erzählt Frau Sobansky. „Bevor meine Mutter und ich nach Lübeck kamen, haben wir ihn jeden Sonntag gegessen. Hier konnte ich ihn lange Zeit nicht mehr essen, weil er nach zu Hause schmeckte." Sie nimmt sich ein Stückchen. „Das ist jetzt wieder anders." Genüsslich beißt sie etwas ab. Dabei schmatzt sie wie Evi. „Wenn man so alt ist wie ich, darf man wieder schmatzen." Evi fühlt sich ertappt. „Und als Kind darf man sowieso schmatzen." Frau Sobansky lächelt Evi an. „Elli und ich, wir haben früher immer absichtlich geschmatzt. Was haben wir um die Wette geschmatzt, in Königsberg."

„Wie sind Sie denn überhaupt von Königsberg nach Lübeck gekommen?" Mist. Evi könnte sich direkt auf die Zunge beißen. Sie fürchtet, mit dieser Frage die schöne Stimmung zerstört zu haben.

Tatsächlich gefriert Frau Sobanskys Lächeln sofort. Trotzdem spricht sie weiter, nachdem sie den letzten Bissen Kuchen heruntergeschluckt hat, ohne weiterzuschmatzen.

Ach, Kinder, es war ein langer und beschwerlicher Weg. Die Pferdekutsche brachte uns nach Pillau, wo es einen Hafen gab. Es war ein kleiner Ort, in dem es viel mehr Flüchtlinge gab als Menschen, die dort lebten. Längst waren alle Scheunen, Kirchen und Hallen voll mit Flücht-

lingen wie uns. Wer Glück hatte, fand einen Schlafplatz unter einem Dach. Die anderen blieben draußen, zugedeckt nur mit ihren Jacken.

Auch wir mussten die Nacht im Freien verbringen, in der Eiseskälte. Ich war so unglaublich müde, mir fielen ständig die Augen zu. Meine Mutter stupste mich immer wieder an, damit ich nicht einschlief. Wäre ich in der Kälte eingeschlafen, wäre ich gestorben. Viele Menschen haben diese frostigen Nächte nicht überstanden.

Erstmals in meinem Leben wusste ich, was Hunger heißt. Echter Hunger, nicht Appetit auf irgendwas. Ich musste brechen, ohne etwas im Magen zu haben. In meinem Bauch war ein riesiger Luftballon voll Nichts. Und das Nichts tat so weh.

Völlig entkräftet sind wir dann schließlich auf ein Schiff gekommen, mit vielen, vielen anderen. Die Schlange vor dem Schiff war unendlich lang. Wir wurden vorgelassen, weil ich so schwach war und geweint habe. Das war unser Glück.

Das meiste Gepäck ließ Mutter zurück. Sie gab mir eine kleine Tasche, die sie zuvor aus einem alten Geschirrhandtuch genäht hatte. Darin waren ein paar Fotos und meine Papiere, falls ich verloren gehen würde. Ich nahm mein Lieblingsfoto und Walli aus dem Ranzen, der ebenfalls zu sperrig zum Tragen wurde. Das Foto packte ich in die Handtuchtasche und hängte sie mir unter den Pulli. Walli hielt ich fest im Arm.

Auf dem Schiff war kein Platz, sich hinzusetzen. Wir mussten stehen bleiben. Es standen so viele Menschen nebeneinander, dass man gar nicht umkippen konnte, selbst wenn man schlapp war.

Ab und zu gab es eine dünne Erbsensuppe zu essen. Sie schmeckte wie Wasser. Bis heute mag ich keine Erbsensuppe. Schon wenn ich sie rieche, wird mir übel. Dann bin ich wieder auf diesem Schiff. Manchmal aßen wir den Schnee an Deck, weil wir Durst hatten. Davon froren wir noch mehr. Aber wir haben überlebt.

23. Kapitel: Die Geschichte der Ankunft

Evi, Lina und Jonathan schauen sich an. Sie wissen nicht, was sie sagen sollen. Manchmal kann man gar nichts sagen. Evi spürt die Worte in ihrem Hals, die nicht herauskommen wollen. Am liebsten würde sie Frau Sobansky einfach nur umarmen. Aber das traut sie sich nicht. Sie hat noch nie eine fremde Frau umarmt. Und Frau Sobansky ist ihr gleichzeitig nah und fremd.

Frau Sobansky merkt, dass die drei verunsichert sind. Sie versucht, ein fröhliches Gesicht zu machen. „Es ist lange her", sagt sie. „Es gehört zu mir. Und danach sind auch viele schöne Sachen passiert. In meinem neuen Leben."

„Wollten Sie denn damals nach Lübeck?", fragt Jonathan. „Kannten Sie hier jemanden?"

Frau Sobansky schüttelt den Kopf.

Wir kannten niemanden. Dass wir in dieser Stadt gelandet sind, war reiner Zufall.

Zunächst kamen wir irgendwann in Danzig an. Von dort aus ging es Richtung Westen. Die Züge waren jedoch alle überfüllt. Wir mussten lange warten. Aber daran hatten wir uns zu dem Zeitpunkt schon gewöhnt, an das ewige Warten.

An die Zugfahrt erinnere ich mich noch ganz genau. Sie war so lang, dass ich dachte, wir würden bis nach

Amerika fahren. Immer wieder hielt der Zug und weitere Menschen stiegen ein. Ich dachte, dass der Zug bestimmt platzen wird.

Da ich nicht groß war, sah ich nur Rücken von Menschen, aber keine Gesichter. Zwischendurch sackte ich zusammen und schlief in der Hocke. Die Luft war schlecht und es stank schrecklich. Mir war noch nie so übel gewesen.

Nach einigen Tagen kamen wir dann in Lübeck an. In einer Stadt, die uns völlig fremd war. Trotz allem waren wir sehr froh. Und sehr erschöpft. Meine Mutter war schon vorher dünn gewesen, aber nach der Flucht glich sie einem Strich.

Frau Sobansky schüttet sich etwas Limo nach. „Vielleicht hätte ich besser Tee kochen sollen?“

Evi schüttelt den Kopf. „Es ist alles gut“, sagt sie und erschrickt sofort über ihre Worte. „Ich meine …“

„Ich habe dich schon verstanden“, unterbricht Frau Sobansky sie.

Evi spürt, wie sie rot wird.

„Und wie war es hier?“, fragt Jonathan. „Sind Sie mit Ihrer Mutter in eine Wohnung gezogen?“

Frau Sobansky antwortet nur: „Schlimm. Schlimm war es.“ Sie trinkt einen großen Schluck, so, als müsste sie ihre schrecklichen Erinnerungen erst einmal hinunterspülen. Anschließend nimmt sie sich noch ein

Stück Kuchen, legt es aber zurück auf den Teller. Gedankenverloren putzt sie die Finger an ihrem Wollrock ab.

Wir kamen in eine Notunterkunft, die nicht beheizt war. Es war wie in einer Kühlkammer. Und wir hatten solch einen Hunger. Wieder waren meine Mutter und ich nicht allein, sondern hausten mit Hunderten anderer Menschen zusammen. Wir bekamen Lebensmittelmarken, die wir einlösen konnten. Sie reichten leider hinten und vorne nicht, denn auch die Einheimischen hatten nicht so viel. Es war ja Krieg.

Einmal bin ich über einen Zaun in einen Garten geklettert und habe eine Birne von der Wiese genommen, weil mein Magen so knurrte. Früher hatten Elli und ich immer Birnen oder Äpfel bei den benachbarten Höfen aufgesammelt. Doch hier kam der Bauer mit einer Harke hinter mir her. Ich rannte, so schnell ich konnte, und warf ihm die angebissene Birne zu. Aus der Ferne sah ich, wie er sie selbst aufaß.

Wir waren keine geladenen Gäste – niemand hat uns wirklich gewollt. Ja, so war es. Viele nannten uns ‚die Polacken' oder ‚die Russen'. Die Ungebetenen aus dem Osten eben.

„Wi hebbt sülben nix to freten" und „Von mi gift dat nix". Diese Sätze hörten wir häufig. Das war Plattdeutsch. Es hieß so viel wie „Wir haben selbst nichts zu

essen" und „Von mir gibt's nichts". Zu der Zeit habe ich die Menschen oft gar nicht richtig verstanden, obwohl wir alle Deutsche waren.

Wir sprachen anders. Unseren Dialekt mochte man jedoch nicht. Nach einer Weile haben wir auch nicht mehr so gesprochen, um dazuzugehören.

Letztlich mussten wir zusehen, wo wir blieben. Meine Mutter und ich sammelten Wolle von Zäunen, an denen sich Schafe gescheuert hatten. Daraus spann Mutter Wollfäden und strickte Pullover und Jacken für mich.

Später fanden meine Mutter und ich ein Zimmer auf einem Bauernhof am Stadtrand. Die Menschen hier im Norden mussten ihren Wohnraum teilen und zusammenrücken. Das fanden nicht alle gut. Wir hatten aber Glück, die Leute auf dem Hof waren freundlich. Mutter half bei der Ernte und wir bekamen sogar ein kleines Stück Garten für uns, auf dem wir dann Gemüse und Kartoffeln anbauen konnten.

Lange Zeit dachte Mutter, alles sei nur vorübergehend. Als ihr schließlich klar wurde, dass es kein Zurück mehr gab, fiel meine Mutter in ein tiefes Loch. Sie wurde nie mehr richtig glücklich. Bis zu ihrem Tod nicht.

24. Kapitel: Ein „Tschüss“ in der Flasche

Evi hat Gänsehaut. Sie macht den Reißverschluss ihrer Kapuzenjacke zu. Zu Hause würde sie sich jetzt in eine Wolldecke einmummeln.

„Ist dir kalt? Soll ich die Heizung höher drehen?“ Frau Sobansky drückt sich aus dem Sessel hoch.

„Nein. Bleiben Sie ruhig sitzen.“ Evi schluckt. „Ich bin nur … traurig.“

„Ach, Kindchen. Das ist alles schon so lange her.“

„Aber es bleibt traurig. Und es wird immer traurig sein.“ Jonathan knibbelt wieder an seinen Fingernägeln. Evi beobachtet ihn aus dem Augenwinkel. Seine Nägel sind nur Halbmonde, die jetzt noch kleiner werden.

„Mögen Sie Lübeck denn?“, fragt Evi.

„Ja, schon“, sagt Frau Sobansky. „Lübeck ist mein Zuhause. Aber Königsberg ist meine Heimat.“

Lina kratzt sich am Kopf. Evi hingegen ahnt, was Frau Sobansky meint. „Man kann zwei Zuhauses haben“, sagt sie.

Jonathan murmelt: „Zwei Zuhauses …“ Frau Sobansky nickt ihm zu.

„Und Elli?“ Lina schaut Frau Sobansky unsicher an. „Was ist mit Elli?“

Evi greift in ihre Jackentasche. Da steckt der Brief drin. Ganz klein gefaltet. So hat sie das Gefühl, dass

Irmgard und Elli bei ihr sind. Sie nimmt den Brief aus der Tasche, faltet ihn auseinander und legt ihn auf den Tisch.

Frau Sobansky fährt mit dem Zeigefinger über das Papier. Es ist, als ob sie Elli streicheln würde. „Elli war wie vom Erdboden verschluckt. Manche Königsberger habe ich wiedergetroffen, einige noch mit meiner Mutter, ein paar Jahre nach der Flucht. Aber Elli nicht." Sie zögert einen Moment, bevor sie fortfährt: „Nachdem ich die Flaschenpost abgeschickt hatte, habe ich auch gar nicht mehr nach ihr gesucht. So viele Menschen haben die Flucht nicht überlebt. Mutter meinte, ich solle Abschied nehmen. Von meiner Elli. Irgendwie habe ich das mit der Flaschenpost getan, ich habe ihr damit ‚Tschüss' gesagt, glaube ich. Nicht ‚Auf Wiedersehen' …"

Lina denkt nach. „Haben Sie denn gar nichts mehr unternommen?", fragt sie nach einer Weile. „Auch später nicht?"

Frau Sobansky schüttelt den Kopf. „Ich weiß gar nicht, wo sie stecken könnte. Und ob sie überhaupt noch lebt. Ich war auf ein paar Treffen mit Ostpreußen, hier in Schleswig-Holstein. Da hat auch niemand etwas von ihr gehört. Meine Elli ist und bleibt verschwunden."

„Man kann es doch noch mal versuchen, sie zu finden", sagt Evi.

Bevor Frau Sobansky etwas erwidern kann, stimmt Jonathan zu: „Genau, wir versuchen es!“ Dann fragt er die alte Frau, ob sie das Foto von damals noch hat.

Frau Sobansky gibt ihm ein vergilbtes Schwarz-Weiß-Bild mit welligem Rand, auf dem zwei Mädchen sind. Sie sehen fast aus wie Zwillinge. Beide tragen einen karierten Rock und haben geflochtene Zöpfe.

„Aber passt gut auf das Foto auf“, sagt sie. „Das ist ein Stück Heimat.“ Leise fügt sie hinzu: „Alles, was mir geblieben ist …“

Vorsichtig verstaut Lina das Bild. Evi ist gerade dabei, den Brief zusammenzufalten, als ihr ein Gedanke kommt. „Möchten Sie den vielleicht haben?"

Frau Sobansky streicht ihr über den Kopf. Evi ist fast so groß wie die alte Frau, trotzdem fühlt sie sich ganz klein.

„Wenn ihr den Brief behalten wollt, dann nehmt ihn wieder mit. Ihr habt ihn ja gefunden." Sie schmunzelt. „Finderlohn gibt es später."

„Wir wollen nichts", protestiert Jonathan.

„Warten wir mal ab …", sagt Frau Sobansky.

„Erst müssen wir Elli überhaupt finden." Evi sieht auf den Brief. „Können Sie noch immer so schreiben?" Evi zeigt auf die Schrift, die so lustig aussieht: wie eine Häuserzeile mit Rundbögen und spitzen Dächern.

„Sütterlin? Das verlernt man doch nicht", sagt Frau Sobansky.

„Können Sie denn auch normal schreiben?", fragt Lina.

„Na, normal ist jede Schrift. Aber ja: In der Schule habe ich erst Sütterlin gelernt, später die Schreibschrift, die ihr kennt."

Frau Sobansky nimmt sich einen Stift und einen Zettel vom Telefontischchen. Darauf schreibt sie „Danke für alles" in diesen alten Buchstaben. „Sütterlin wurde im Krieg verboten. 1941 haben die Nazis verfügt, dass wir nicht mehr in Sütterlin schreiben dürfen. Das seien

‚Judenlettern‘.“ Plötzlich gluckst Frau Sobansky wie ein kleines Mädchen. „Ellis und meine Lehrerin hat den Erlass aber nicht weitergegeben. Sie war wirklich eine starke Frau. Daher konnten wir weiter schreiben, wie wir wollten. Ich habe Sütterlin nämlich gemocht. Und die Umstellung auf eine andere Schrift war gar nicht so einfach.“

Frau Sobansky schreibt ein weiteres Mal „Danke“ auf den Zettel – in einer Schrift, die Jonathan, Evi und Lina sofort lesen können. Ihre Hand zittert, sodass die Buchstaben ein wenig krakelig aussehen.

„Ich habe schon lange nicht mehr mit der Hand geschrieben“, sagt Frau Sobansky. „Wem soll ich auch Briefe schreiben …“

Beim Abschied entdeckt Evi einen abgewetzten Teddybären, der auf einem Regal sitzt. Sie traut sich nicht zu fragen, ob das der Teddy ist, der mit Irmgard geflohen ist. Walli, der Bär von Irmgards Vater.

Vielleicht kann Frau Sobansky Gedanken lesen. Denn in dem Moment nimmt sie den Teddy hoch und lächelt Evi an.

25. Kapitel: Von Klamotten und Erinnerungen

Die drei gehen langsam die Treppen hinunter. Niemand hüpft. Unten vor der Tür bleiben Jonathan, Evi und Lina stehen. Oben ist Frau Sobansky am Fenster und winkt. Die drei winken zurück. Als Frau Sobansky hinter der Gardine verschwindet, sind alle ganz ruhig. Sie atmen nur ein und aus und ein und aus. Sonst nichts. Evi käme es komisch vor, jetzt etwas zu sagen. Etwas Belangloses. Und noch mehr Trauriges mag sie heute nicht hören. Also trotten die drei schweigend nebeneinander her bis zum Bahnhof.

„Was macht ihr denn hier?“, ertönt plötzlich eine helle Stimme hinter ihnen. Es ist Svea-Malinda, in der Hand hält sie zwei Tüten. Neben ihr steht ihre Mutter, die Svea-Malinda ähnelt. Die Mutter sieht jugendlich aus, die beiden könnten Geschwister sein.

„Was machst du denn hier?“, fragt Lina zurück. Bevor Svea-Malinda antworten kann, fährt der Zug ein.

„Setzt ihr Freundinnen euch mal zusammen“, sagt Svea-Malindas Mutter. „Und Freunde, natürlich.“ Sie zwinkert Jonathan zu, der auf den Boden starrt. „Ich verschwinde nach hinten. Dann ist es nicht so peinlich.“ Die Mutter kichert. Ein albernes Kichern, findet Evi. Wahrscheinlich hat Svea-Malinda dieses Kichern geerbt und kann gar nichts dafür. Da könnte man fast Mitleid bekommen.

Die Kinder setzen sich an einen Viererplatz mit Tisch in der Mitte. Evi sitzt neben Jonathan, Lina neben Svea-Malinda. Als Evi tief durchatmet, steigt ihr wieder der Duft von Jonathans Shampoo in die Nase. Wie gut es riecht, dieses Shampoo.

„Also, ich war shoppen“, erklärt Svea-Malinda und wedelt mit den Taschen. Sie fischt eine helle Jeans mit Löchern aus einer der Tüten. „Destroyed“, sagt sie. Jonathan runzelt die Stirn. Svea-Malinda beugt sich zu ihm vor. „Ist jetzt in“, sagt sie. „Hosen mit Löchern.“

Jonathan reagiert gar nicht, sondern schaut nach draußen, wo Bäume und Häuser vorbeisausen. „Aha“, sagt er dann nur, ohne die Hose zu beachten.

„Cool, nicht?“ Svea-Malinda wedelt mit der Hose.

Evi stöhnt leise.

„Und ihr? Wo kommt ihr her?“

„Wir waren bei der Frau, die die Flaschenpost weggeschickt hat. Im Krieg.“

Svea-Malinda errötet und stopft die Hose schnell zurück in die Tüte. „Das interessiert mich“, sagt sie. Plötzlich ist sie ganz ernst, so hat Evi sie noch nie erlebt.

„Wir sind doch nicht in einem blöden Piratenfilm“, zischt Evi sie an.

Aber Svea-Malinda wiederholt: „Es interessiert mich wirklich.“

Und dann erzählt Lina alles, von der kleinen Irmgard, der Kälte, dem Knöchel, von Elli, dem Hunger, dem Schiff und der Ankunft in Lübeck. Svea-Malinda sitzt einfach nur da und hört zu. Evi bildet sich ein, dass ihre Augen glänzen. Die Zugfahrt vergeht wie im Flug.

Am Bahnhof reicht Svea-Malinda wortlos ihrer Mutter die Tüten. Denn die vier wollen noch kurz zum Strand.

„Ich muss mich auslüften", sagt Evi.

„Auslüften?"

„Das haben meine Freundin und ich immer gesagt", erklärt Evi. „Früher." Wie das klingt. Dabei ist es erst einige Monate her. Es ist ein anderes „Früher" als das, von dem Frau Sobansky erzählt hat.

Svea-Malindas Mutter ruft „Tschüss" und winkt mit den Tüten.

Am Strand setzen sich die drei Mädchen und Jonathan auf ihre Jacken, obwohl es eigentlich zu frisch dafür ist, nur im Pulli am Wasser zu sein. Sie werfen kleine Steine ins Meer. Evi zählt, wie oft sie hüpfen. Jonathan und Svea-Malinda können es besonders gut. Eins – zwei – drei – vier, dann sinken die Steine auf den Grund. Evis Stein ertrinkt sofort. Evi muss an das Schiff denken, das Irmgard und ihre Mutter sicher in den Westen gebracht hat. Sie wirft so lange Steinchen, bis auch ihre wenigstens zweimal über die Wasseroberfläche springen.

26. Kapitel: Der Uropa und Erwin

Es ist ein schöner Herbsttag. Die Sonne lässt die gelben und orangefarbenen Blätter leuchten. Als Evi von der Schule nach Hause kommt, sitzt der Uropa auf der Bank vor der Tür, mit einer Decke über den Beinen. Er winkt Evi mit einem Stock zu und ruft: „Moin moin! Wie war die Schule?"

„Na ja."

„Und wie gefällt es dir inzwischen bei uns?"

„Na ja."

„Ganz schön viel ‚Na ja', Diern", meint der Uropa. Er hustet. Der Uropa hustet oft. „Trotz der guten Luft hier will meine Lunge nicht mehr so richtig."

„Das tut mir leid." Evi setzt sich neben ihn.

„Ach, Getüddel. Ich bin ja schon alt. Aber du bist jung. Dir muss es gut gehen."

„Na ja", sagt Evi und muss über sich selbst lachen. „Ich fand's schon mal schlimmer als jetzt."

„Das wird noch", sagt der Uropa. „Ich konnte mir nie vorstellen, woanders zu leben. Ich brauche das Meer."

„Frau Sobansky wäre auch lieber in Königsberg geblieben." Evis Stimme wird leise. „Aber sie musste ja nach Lübeck."

Der Uropa hustet noch einmal. „Jona hat mir schon alles erzählt. Finster, sehr finster." Er zieht die Mütze tiefer. „Ein bisschen frisch ist es ja schon", sagt er und wickelt die Decke enger um sich. „Damals, als die vielen Menschen zu uns kamen, war es ein eisiger Winter."

„Erinnern Sie sich noch daran?"

„Das werde ich nie vergessen", antwortet der Uropa. „Niemals. Dieser Krieg ist eingebrannt in meinen Kopf." Er tippt sich an die faltige Stirn. „Hier drin ist der Krieg. Seit über siebzig Jahren."

Evi grübelt, wie alt der Uropa wohl ist. Im Krieg war er wahrscheinlich ein Jugendlicher. Sie mag nicht fragen, wie es im Krieg war.

„Der Erwin", sagt der Uropa plötzlich, „der Erwin kam auch aus Ostpreußen. Er war später mein bester Freund." Und dann fängt er an, von Erwin zu erzählen: „Als er mit seinem Vater in Pillau auf das Schiff kam, dachte Erwin, dass er nun das Schwerste überstanden hätte. Das war aber nicht so. Gar nicht war das so. Das Schiff, auf dem er war, hieß ‚Steuben'. Auf dieses riesige Schiff quetschten sich etliche Tausend Flüchtlinge."

„So wie bei Irmgard."

„Genau, so wie bei eurer Irmgard. Nur hat dieses Schiff sein Ziel nicht erreicht. Nie. Denn das Schiff wurde beschossen, von sowjetischen U-Booten. Erwin hörte die Schüsse. Geistesgegenwärtig nahm sein Vater ihn auf den Arm und rannte an Deck, vorbei an Menschen, die in Panik totgetreten wurden. Ja, Lütte. So war das …“ Der Uropa schließt die Augen. „Obwohl ich nicht dabei war, sehe ich das, was Erwin erlebt hat, genau vor mir. Viele Menschen konnten nach dem Krieg gar nicht mehr reden. Sie wurden stumm. Aber Erwin musste reden. ‚Sonst sterbe ich‘, sagte er immer. ‚Wenn ich keine Worte mehr habe, werden mich die Erlebnisse umbringen.‘ Also redete er. Wir redeten sehr oft miteinander.“ Der Uropa macht eine Pause und lehnt sich zurück.

„Erzählen Sie weiter“, bittet Evi, mit Tränen in den Augen.

Der Uropa zögert kurz. „Ich weiß nicht recht …“ Dann reibt er sich einmal über das Gesicht und fährt fort: „Erwins Vater dachte, dass die höchste Stelle des Bootes zuletzt sinken würde. Das Schiff sank jedoch weiter und weiter. Schließlich waren sie auch an Deck nicht mehr sicher. Bald sprangen die ersten Menschen ins Meer und kämpften um einen Platz auf den Rettungsinseln, die in der Ostsee waren. Nur wenige haben es geschafft.“

„So wie Erwin.“

Der Uropa nickt.

„Und sein Vater.“

Der Uropa antwortet nicht. Evi fängt an zu schlottern, obwohl die Sonne heute so schön warm durch das Herbstlaub scheint. Da hört sie, wie über ihr das Fenster geöffnet wird.

„He, was macht ihr denn da?“ Jonathan steckt seinen Kopf heraus. „Ihr quatscht nett und sagt mir nicht Bescheid. Tststs.“

Evi lächelt schief. Ihre Stimme ist heiser, als sie fragt: „Lebt Erwin noch?“

Der Uropa schüttelt den Kopf. „Er ist vor einigen Jahren gestorben. Aber er hat seine Geschichte glücklicherweise nicht, wie so viele andere, mit ins Grab genommen. Er hat mir von seinen Erlebnissen berichtet. Es ist wichtig, dass wir diese Geschichten kennen.“

Da kommt Jonathan zu ihnen. „Sonnst du dich, Uri?“ Er umarmt den Uropa kurz. „Habt ihr Lust auf Strand?“

„Ich nicht“, sagt der Uropa. „Ich lege mich lieber etwas hin. Geht ihr mal allein, ohne den lahmen Uropa. Wenn die Mama gleich kommt, sage ich ihr Bescheid.“ Er schaut in den Himmel. „Heute gibt es bestimmt einen schönen Sonnenuntergang.“

„Wie kitschig.“ Jonathan grinst.

Dann laufen Evi und er zum Wasser. Sie machen ein Wettrennen. Dabei tut Jonathan so, als ob er eine Möwe wäre, flattert mit den Armen und kreischt.

Eigentlich ist Evi das zu albern, aber heute könnte sie sich kaputtlachen. Es tut gut zu lachen. Sie flattert einfach mit. Zwischendurch beobachtet sie Jonathans Sommersprossen, wenn er die Nase krauszieht. Seine Haare schimmern im Licht rötlich. Richtig hübsch.

Kurz nachdem sie am Strand angekommen sind, geht die Sonne unter. Evi hat das Gefühl, dass sie ganz langsam ins Wasser fällt. Das ist schön. In den Bergen verschwindet die Sonne einfach. Hier verdoppelt sie sich erst. Und wird dann vom Meer aufgefangen.

27. Kapitel: Ein Recherchetag

Der nächste Tag ist „Recherchetag". Das ist Jonathans Einfall, ihn so zu nennen. „Klingt einfach super", meint er. Lina stößt ein „Boah, nee" aus, kann sich aber ein Lachen nicht verkneifen.

Evi, Lina und Jonathan sitzen im Arbeitszimmer von Evis Mama am Computer. Normalerweise darf Evi nur selten an den Computer, da es Mamas Arbeits-PC ist, mit wichtigen Dateien darauf. Heute macht Mama eine Ausnahme. „Weil es für eine sinnvolle Sache ist", sagt sie und verschwindet mit ihrem Ordner und einem Block unterm Arm ins Wohnzimmer.

Evi öffnet den Browser und gibt „Elli Adomeit" in die Suchmaschine ein. Es kommen viele Ellis, aber eine Elli Adomeit mit „ei" ist nicht dabei. „Bestimmt hat sie heute einen anderen Namen", vermutet sie.

Jonathan hat ein Fragezeichen im Gesicht.

„Na, vielleicht heißt sie jetzt anders. So wie ihr Mann."

„Stimmt", sagt Lina. „Früher hießen die Frauen immer wie ihre Männer."

„Dann können wir das alles sofort vergessen." Schwups schließt Jonathan den Browser.

„Und du willst Journalist werden? Da kann man doch nicht so schnell aufgeben." Lina zieht die Maus zu sich und klickt wieder auf „Verbinden". Ins Suchfeld tippt sie „Vermisste finden". Es erscheinen Fernsehshows, in die Menschen gehen, wenn sie Verwandte oder Freunde suchen. Und Seiten, für die man den Nachnamen braucht. „Ich bin mir sicher, dass Ellis Nachname nicht mehr Adomeit ist."

Evi seufzt tief. „So kommen wir nicht weiter."

Jonathans Gesicht verfinstert sich. „Meine Rede!"

„Hier!" Lina tippt auf den Bildschirm. „Es gibt sogar Detektive, die nach Vermissten suchen. Das steht da."

„Und du meinst, die machen das umsonst?"

„Quatsch, die wollen Kohle sehen …"

Es klopft an der Zimmertür. Mama. „Und? Wie läuft's?"

„Nix läuft. Alles doof." Evis Mund wird zu einem feinen Strich.

„Ich hab euch etwas Obst geschnippelt, mit Vitaminen im Bauch kann man besser denken."

Evi verdreht die Augen. Eine leckere Schokolade wäre jetzt sicher hilfreicher. Oder noch besser: eine zündende Idee.

Mama lehnt sich über Linas Schulter und blickt auf den Bildschirm. „Ich hab mal gehört, dass es auch Suchdienste gibt, die Menschen ausfindig machen, die seit dem Krieg vermisst werden. Lasst mich mal kurz ran." Mamas Finger fliegen nur so über die Tastatur. „Mist", rutscht es ihr heraus. „Die hier ist scheinbar nur für Angehörige. Und nicht für helfende Kinder …"

„Wir wissen eh viel zu wenig …“ Lina nimmt sich eine Apfelspalte und ein Stück Mandarine und setzt sich auf den Teppich.

„Dann besuchen wir Frau Sobansky eben noch mal.“ Jonathan kommt wieder in Fahrt. Seine Augen blitzen. „Wir müssen einen richtigen Steckbrief machen. Und damit nach Elli suchen.“

Evi lässt die Schultern hängen. „Keine Ahnung. Wir wissen doch gar nicht, wie Elli heute aussieht.“

„Warum hat Frau Sobansky eigentlich nie nach ihrer Freundin gesucht?“, fragt Mama. „Außer mit der Flaschenpost, meine ich.“

„Sie dachte, Elli sei tot. Ihre Mutter hat gesagt, dass es so sein könnte …“

„Sie war ja noch ein Kind. Und sie war allein hier in Lübeck.“ Lina blickt in die Runde. „Ohne Freunde.“

28. Kapitel: Die Suchmeldung

Evi zieht die Augenbrauen zusammen. „Bringt sowieso alles nichts“, sagt sie. „Elli ist weg. Und sie bleibt weg.“ Wäre Mama nicht im Raum, würde sie gegen den Stuhl treten. Jetzt zuckt es nur kurz in ihrem Bein, aber sie hält sich zurück. „Ich glaub, ich muss mal ’ne Runde rennen“, sagt sie stattdessen. „Habt ihr Lust auf Fußball?“

Jonathan guckt Lina an, Lina guckt Jonathan an. „Warum nicht?“ Jonathan springt sofort auf.

„Frische Luft wird euch guttun“, sagt Evis Mama. Da ist sie also wieder, die frische Luft. So langsam fängt Evi an zu glauben, dass die Luft hier wirklich besonders frisch ist. Heute mit Sicherheit. Denn drinnen kommt es ihr gerade sehr stickig vor. Sie braucht dringend Sauerstoff.

Lina murrt ein wenig. „Fußball. Wenn’s sein muss …“ Doch sie lässt sich von Evi mitziehen, die sich den Ball aus dem Flur schnappt.

Auf dem Weg zum Bolzplatz, der neben den Schaukeln ist, dribbelt Jonathan den Ball. Evi versucht, ihm den Ball abzuluchsen. Lina schlendert nebenher und pfeift vor sich hin.

„He!“ Evi pikst sie in die Seite. „Was ist los?“

„Nichts.“ Lina rückt ein Stück von Evi weg. „Gar nichts.“

„Wir zwei zeigen dem gleich mal, was Fußball ist", sagt Evi.

Jonathan lacht, während Lina sich ein Schmunzeln abringt.

Evi hakt sie unter. Das erste Mal seit Langem macht sie das. Franzi und sie sind oft Hand in Hand gerannt. Fast kommt es Evi so vor, als würde sie Franzi verraten, wenn sie mit Lina eingehakt ist. Einen Moment denkt sie, dass der Fußball, mit dem sie gerade noch gespielt hat, in ihrem Magen ist. Auf einmal drückt Lina sie – und das tut so gut, dass Evi das Fußballgefühl im Bauch vergisst.

Auf dem Bolzplatz ist niemand. Jonathan stürmt sofort los und probiert ein paar Torschüsse. „Hiiiiiii!", hört Evi da eine Stimme von der Schaukel. Eine hohe Stimme. Evi ahnt schon, wer es ist. Und tatsächlich: Es ist Svea-Malinda, die allein schaukelt. Als sie die drei sieht, springt sie sofort ab und schlendert zu ihnen hinüber.

Evi hat eigentlich keine Lust auf Svea-Malinda – aber wie sagte Mama? „Sei nicht so zugeknöpft." Und Papa meinte ebenfalls: „Wer weiß, ob sie nicht doch nett ist. Gib ihr einfach eine Chance." Evi ist sich immer noch nicht sicher, ob das eine gute Idee ist, aber heute könnte der Tag sein, es auszuprobieren. Für ihre Stimme kann Svea-Malinda schließlich auch nichts.

„Hi", sagt Evi zurück.

„Lust auf Fußball?“, ruft Lina. Sie hat mit Jonathan Torschüsse geübt und sogar ein paar Bälle versenkt.

Evi winkt Svea-Malinda zu und stellt sich ins Tor.

Svea-Malinda bleibt am Rand stehen und fragt: „Was ist denn jetzt mit diesem Flaschenpostding?“

Lina seufzt. „Nichts, leider. Wir sind noch nicht weitergekommen.“

„Es ist einfach Mist!“ Jonathan schießt den Ball so fest, dass Evi ihn nicht halten will, sondern sich blitzschnell duckt.

„Habt ihr es mal mit der Zeitung versucht?“, fragt Svea-Malinda.

Jonathan wird hellhörig. „Wie, mit der Zeitung?“

„Na, mit einem Zeitungsbericht.“

„Darauf hättest du auch kommen können, als Profijournalist.“ Lina wartet, wie Jonathan reagiert.

Der überhört diese Spitze und sagt: „Mmmh, wir wissen doch gar nicht, ob Elli überhaupt hier in der Gegend ist.“

„Stimmt“, pflichtet Evi ihm bei. „Und wir wissen auch nicht, ob sie noch ihren Mädchennamen hat oder anders heißt.“

„Aber einen Versuch wäre es wert, oder?“, fragt Lina. „Jedenfalls besser, als gar nichts zu tun.“

Die vier schlagen ein.

Evi fühlt ein Kribbeln auf der Haut. So eines, das sie richtig nervös macht. Fußball zu spielen klappt jetzt gar nicht. Ihr juckt es eher in den Fingern. Sie will Suchmeldungen rausschicken.

Auch Jonathan scheint sein Journalistengen zu spüren, denn er sagt: „Meine Mama kann uns sicher helfen. Die hat einen Job in der Öffentlichkeitsarbeit.“ Evi weiß nicht wirklich, was das ist, aber es hört sich passend an. Öffentlichkeit klingt schon mal nach dem, was sie suchen.

Also brechen die vier auf. Svea-Malinda hat sich, ohne zu fragen, angeschlossen. Evi könnte gut darauf verzichten, dass sie dabei ist, doch dann denkt sie an Papa und die Sache mit der Chance. Schließlich siegt ihr Gerechtigkeitssinn. Denn letztlich war das mit der Zeitung Svea-Malindas Idee.

Zu Hause bei Jonathan machen sie sich sofort an die Arbeit. Jonathans Mutter gibt ihnen Tipps, wen sie anrufen können. Sie kennt die Redakteurinnen und Redakteure aus der Umgebung.

Nacheinander klappern Evi, Lina, Jonathan und Svea-Malinda telefonisch etliche Lokalredaktionen und ein paar weitere Redaktionen ab. Die meisten versprechen, in mehreren Ausgaben Suchmeldungen zu veröffentlichen. Zwei wollen sogar Frau Sobansky interviewen und ein Porträt schreiben.

Jonathans Mutter scannt das alte Foto ein. Jonathan und Svea-Malinda schreiben dazu einen kurzen Text, den Evi und Lina noch einmal gegenlesen, bis er allen gefällt.

Freundin aus Königsberg gesucht
Irmgard Sobansky ist im Krieg aus Ostpreußen geflohen. Sie ist sehr traurig, weil sie ihre Freundin Elli Adomeit seit der Flucht nicht mehr gesehen hat. Die beiden wohnten bis 1945 in der „Neuen Sorge" in Königsberg. Damals waren sie zehn Jahre alt. Irmgard Sobansky ist über Pillau nach Schleswig-Holstein gekommen. Noch bevor sie auf das Schiff ging, hat sie ihre Freundin Elli verloren.
Bitte melden Sie sich in der Redaktion, wenn Sie Hinweise auf Elli Adomeit haben.

„Das klingt richtig gut", sagt Evi.

„Professionell", meint Svea-Malinda.

„Ihr landet sicher einmal im Journalismus. Die Spürnase habt ihr schon." Jonathans Mutter schmunzelt und klickt auf „Senden". Sie strubbelt Jonathan durch die Haare.

Ein paar Tage später stehen Meldungen und größere Berichte in mehreren Zeitungen. Evi schneidet alle aus und hängt sie an ihre Pinnwand.

29. Kapitel: Zettel und Puddingquatsch

Franzi hat geschrieben. Endlich. Evi ist jeden Tag nach der Schule zum Briefkasten gelaufen – da war nie etwas. Zwischendurch ist mal eine Nachricht auf dem Handy gekommen. Die beiden haben kurz gechattet und Fotos hin- und hergeschickt. Aber so ein Brief, ein richtiger Brief, das ist etwas anderes, findet Evi. Ihr Herz macht einen Hüpfer, als sie den Briefumschlag aufreißt.

„Habt ihr eigentlich Zettel aufgehängt? Suchzettel? Mit einem Bild von Irmgard und Elli?“, schreibt Franzi. „Das ist mir gestern eingefallen. Ich habe deinen Brief wieder und wieder gelesen und lange darüber nachgedacht.“

Evi schlägt sich mit der Hand vor die Stirn. Stimmt! Wenn Leute ihre Hunde oder Katzen vermissen, dann hängen sie solche Zettel in Schaufenster oder an Bäume. Papa sagt immer, erst wenn man wirklich alles versucht hat, darf man aufgeben. Und da hat er ganz sicher recht.

Also malt und tippt Evi Suchzettel. Mit dem Handy fotografiert sie das Kinderbild von Elli und Irmgard ab, druckt es mehrmals aus und klebt es auf die Blätter. Dann marschiert sie durch die kleine Stadt und hängt die Zettel überall auf. Sie fragt beim Bäcker, beim Metzger und beim Lottoladen.

Es ist gut, etwas zu tun und nicht nur zu warten. Warten macht einen nur hibbelig, findet Evi. Wie gut, dass Franzi mitgedacht hat. Aus der Ferne.

Immer wieder fallen Evi weitere Orte ein, an denen ein Suchzettel gut platziert wäre: am Rathaus, an der Volkshochschule, an der Musikschule. So zieht sie ständig mit neuen Zetteln los und klebt sie an.

Ansonsten passiert nichts. Keine Redaktion ruft an oder schreibt eine Mail. Null.

Als sie eine Woche später zu dritt durch die kleine Stadt laufen, sagt Lina: „Ich glaube, das war eine blöde Idee, Elli zu suchen."

Jonathan bleibt vor einem Suchplakat stehen, das Evi an einen Baum gepinnt hat. „Eine saublöde Idee." Jonathan rupft das Papier vom Stamm.

„He – was soll das?!" Evi zerrt Jonathan das Blatt aus der Hand, wobei es zerreißt.

„Da wird sich sowieso niemand melden."

„Abwarten", sagt Evi. „Man muss auch mal an was glauben." Tränen schießen ihr in die Augen. „Du machst alles kaputt. Sogar das Hoffen."

„Ich bin nur kein Träumer!", ruft Jonathan. „Mehr nicht!" Er dreht sich um und rennt weg.

„Jungs eben." Lina rollt mit den Augen.

„Das hat nichts mit Jungs oder Mädchen zu tun", sagt Evi. „Der ist einfach doof." Nach einer Weile ergänzt sie: „Manchmal wenigstens."

„Du bist verliebt“, stellt Lina trocken fest.

„So ein Quatsch. Riesengroßer Puddingquatsch.“ Als Lina lacht, prustet Evi auch los. „Puddingjoghurtquatsch.“

„Puddingjoghurtmilchreisquatsch.“

Plötzlich muss Evi an den Schmand denken, der auf dem leckeren Kuchen bei Frau Sobansky war. Da bleibt ihr das Lachen im Hals stecken.

30. Kapitel: Die falsche Elli

Es klopft an Evis Zimmertür. „Evi?" Mama kommt mit dem Telefon herein. Sie flüstert: „Da ist jemand für dich. Wegen des Zettels, du weißt schon …"

Evi, die gerade noch ein wenig gedöst hat, weil sie von der Schule gestresst war, ist sofort hellwach. Mit großen Augen starrt sie Mama an, die das Daumenhoch-Zeichen macht.

Als Evi den Hörer nimmt, merkt sie, dass ihre Hand zittert. „Ja?" Ihre Stimme wackelt.

„Hier ist Frau Lorenz. Ich hab den Aushang gesehen. Wegen der Vermissten."

„Ja", sagt Evi. Mehr kann sie gerade nicht herausbringen. Alle anderen Wörter scheint die Aufregung aufgefuttert zu haben.

„Ich kenne eine Elisabeth Adomeit."

Evi denkt nach. Hat Frau Sobansky je erwähnt, dass Elli eigentlich Elisabeth heißt? Sie kann sich nicht erinnern. Aber viele Elisabeths lassen sich Lisa nennen – oder eben Elli. „Kann ich sie vielleicht einmal sprechen? Haben Sie die Telefonnummer für mich?"

„Das ist nicht so einfach", sagt Frau Lorenz. Sie hält inne. „Frau Adomeit lebt inzwischen im Pflegeheim."

„Da kann ich hinfahren!" Evi wirft Mama, die noch im Türrahmen steht, schnell einen fragenden Blick zu. Die nickt sofort.

„Das wird dir nicht viel helfen“, meint Frau Lorenz. „Denn leider hat Frau Adomeit Demenz, weißt du.“

Demenz – darüber hat Evi schon mal etwas gelesen. Das kann doch nicht wahr sein, denkt sie. Jetzt ist das vielleicht die Elli, die wir suchen. Und dann kann sie sich nicht mehr richtig erinnern?

„Sie hat ihre Freundin womöglich vergessen“, erklärt Frau Lorenz. „Ich könnte dir allerdings die Nummer der Tochter geben. Was meinst du?“

„Das ist eine super Idee.“ Evi springt vom Bett auf. „Da rufe ich gleich an.“ Sie notiert sich die Nummer auf einem Schulheft, das auf dem Schreibtisch liegt.

„Ich drücke dir die Daumen“, sagt Frau Lorenz zum Abschied.

Nach dem Telefonat kann Evi kaum noch ruhig atmen. Sofort muss sie bei der Tochter von Elisabeth Adomeit anrufen, sonst hat sie das Gefühl zu platzen. Auf der Stelle.

„Darf ich bei dir im Zimmer bleiben?“, fragt Mama.

Evi nickt. Gerade eben hat Mama doch auch nicht gefragt.

„Ich bin so unglaublich neugierig.“ Mama setzt sich auf Evis Schreibtischstuhl.

Evi stellt das Telefon laut. Sie wählt. Tuuut. Tuuut. Tuuut. Keiner hebt ab. „Vielleicht hab ich mich nur verwählt.“ Noch einmal gibt Evi die Ziffern ein. Tuuut. Tuuut.

„Lass mal länger klingeln, dann springt bestimmt der Anrufbeantworter an."

Und so ist es. Nach dem siebten Läuten ertönt eine Stimme. „Wir sind nicht da. Bitte hinterlassen Sie eine Nachricht nach dem Piepton."

Evi fängt an zu stottern: „Hier ist … Evi. Äh, Sie kennen mich gar nicht. Frau Lorenz kennt mich … eigentlich auch nicht. Sie hat mir Ihre Nummer gegeben. Es ist kompliziert. Können Sie mich bitte zurückrufen?" Nach einer kleinen Pause ergänzt sie: „Es ist wichtig. Wirklich." Dann nennt sie ihre Telefonnummer.

„Warum war die Tochter denn jetzt nicht da?", nörgelt Evi.

Mama zeigt auf die Karteikärtchen. „Wie wär's mit ein bisschen Englisch zur Ablenkung?"

Evi streckt Mama die Zunge heraus. Eigentlich müsste sie tatsächlich Vokabeln lernen, aber sie ist sich sicher, dass ihr die neuen Wörter bloß im Kopf herumwirbeln würden.

„Ich koch uns einen Kakao", schlägt Mama vor. „Der beruhigt."

„Mit Sahne?"

„Mit Sahne. Und dann hab ich noch ein paar Brezen da."

„Gekauft?"

„Gebacken."

„Du hast gebacken? Selbst gebacken?“ Evi ist verwundert. Mama backt sonst nie.

„Das musste heute mal sein“, sagt Mama. „Die gekauften Brezen hier schmecken nicht so … nicht so …“

„… nicht so nach daheim“, vollendet Evi den Satz.

Mama gibt ihr einen Kuss auf die Wange.

Da klingelt das Telefon. Evi springt sofort auf. Doch es meldet sich eine alte Schulfreundin von Mama. Evi gibt Mama den Hörer. Die verzieht sich ins Wohnzimmer und macht es sich mit ein paar Kissen auf der Couch gemütlich.

Währenddessen versucht Evi, sich die Vokabeln einzuprägen, was nicht klappen will. Immer wieder guckt sie auf die Uhr. Mama telefoniert schon eine halbe Stunde. Was ist, wenn gerade jetzt die Tochter von Frau Adomeit anruft?

Evi stürmt ins Wohnzimmer. Mama unterbricht das Gespräch kurz. „Ja?“

Evi tippt auf ihre Armbanduhr. „Du blockierst schon ewig das Telefon.“

Mama winkt ab. Evi faltet die Hände. Dieses stumme „Bitte“ erweicht Mama. „Ich ruf dich gleich auf dem Handy zurück, ja?“, sagt sie ihrer Freundin. „Die Evi, die ist in wichtiger Mission unterwegs und wartet auf einen Anruf.“ Dann legt sie auf. Endlich.

Kurz darauf klingelt das Telefon tatsächlich. Frau Adomeits Tochter! Evis Herz hüpft vor lauter Aufregung, als sie den Hörer abhebt und erklärt, warum sie angerufen hat.

„Da muss ich dich leider enttäuschen", sagt die Frau langsam. „Meine Mutter wurde nie Elli genannt."

„Vielleicht wissen Sie das nur nicht." Evi weiß schließlich auch nicht alles über ihre Mama.

„Meine Mutter kommt aus Schlesien, nicht aus Ostpreußen."

Die Stimme der Frau klingt freundlich, aber Evi könnte sie anbrüllen. Sie ist zwar die Tochter einer Frau Adomeit, aber nicht von ihrer Elli. Da interessiert es sie auch nicht, ob sie aus Schlesien ist oder aus Hintertupfingen.

Evi spürt, wie ihre Augen feucht werden. Die ganze Hoffnung fliegt gerade zum Fenster heraus, hinein in den Ostseewind.

In dem Moment kommt Mama mit einem Tablett um die Ecke. Sie ist fröhlich, wie immer, wenn sie mit ihrer Freundin gequatscht hat.

Evi muss gar nichts sagen. Mama weiß sofort, was los ist. „Ach, Evi ..." Mama drückt Evi kurz und reicht ihr eine Breze und eine Tasse mit Kakao. Der duftet gut. So wie früher, wenn Evi mit Franzi vom Rodeln nach Hause kam. Dann wärmte der Kakao sie von innen.

„Und jetzt schwirrt mir auch noch Franzi im Kopf herum", sagt Evi. „Das fehlte mir gerade noch."

Mama seufzt.

Evi beißt in die Breze. „Lecker.“ Sie spricht mit vollem Mund und denkt kurz an Frau Sobanskys Schmandkuchen. „Die schmeckt nach daheim.“

Mamas Stirn bekommt Falten. Sorgenfalten, würde Papa sagen.

Evi nimmt einen Schluck Kakao. Heißer Kakao tut immer gut. „Die Franzbrötchen, die es hier beim Bäcker gibt, sind auch super. Fast so gut wie Brezen.“ Evi macht eine Pause. „Aber nur fast.“

„Ihr werdet Elli noch finden“, sagt Mama.

Evi versucht, in ihrem Gesicht zu erkennen, ob sie das wirklich glaubt. Doch es gelingt ihr nicht.

31. Kapitel: Die richtige Elli

Die nächsten Tage bleibt es still. Niemand meldet sich wegen der Zeitungsartikel oder der Suchplakate. Kein Mensch scheint Elli zu kennen. Evi und die anderen schieben es vor sich her, Frau Sobansky anzurufen und ihr zu sagen, dass sie Elli nicht finden.

„Das hat ja keine Eile“, sagt Jonathan. „Jetzt kommt es auf einen Tag mehr oder weniger auch nicht mehr an.“

„Lasst ihr ein bisschen Hoffnung“, meint der Uropa. „Der Krieg hat so viel Hoffnung genommen. Da ist es ein Geschenk, wenn man im Alter noch einmal hoffen darf.“ Er geht mit dem Rollator auf der Promenade auf und ab, ganz langsam, Schritt für Schritt. „Ich muss ein bisschen spazieren gehen, sonst roste ich ein.“

Evi ist erstaunt, wie langsam ein Mensch gehen kann. Sie kommt sich vor wie eine Schnecke.

Plötzlich bleibt der Uropa stehen. Er schaut aufs Meer hinaus. „Der Erwin hat auch gehofft. Sein Leben lang hat er gehofft, dass sein Vater gerettet wurde. Aus dem Meer. Dass er nur woanders wohnte. Er meinte, durch die Hoffnung wäre sein Vater irgendwie noch bei ihm.“

Der Wind pfeift eisig. Evi setzt sich ihre Mütze auf, obwohl sie Mützen unbequem findet. Aber ein kalter Kopf ist blöder. Wenn sie diese Geschichten von Irmgard oder Erwin hört, friert sie sowieso immer.

Lina hüpft vom Rand der Promenade auf den Strand. Sie reicht Evi eine Hand, damit sie auch springt.

„Ich geh mit Uri noch ein bisschen auf und ab“, sagt Jonathan. Er lässt den Uropa nicht gerne allein hier draußen laufen, da er so wackelig auf den Beinen ist.

Die beiden Mädchen suchen Muscheln. Muscheln erinnern ein wenig an den Sommer, Evis liebste Jahreszeit. Sie ist ein Sommerkind. Lina nimmt eine Muschel in die Hand. „Eine Herzmuschel. Sie hat sogar ein Loch. Für eine Kette.“

„Schön“, antwortet Evi. Muscheln mag sie wirklich. Die gab es in den Bergen nicht.

Sie denkt an Frau Sobansky. An das Mädchen Irmgard, das sie einmal war. Irmgard musste alles zurücklassen. Fast schämt sich Evi, dass sie so oft Heimweh hat.

Da ertönt eine Melodie – Linas Handy. Hastig drückt Lina auf das Hörersymbol.

„Waaaas?“ Lina springt aufgeregt vor Evi auf und ab. „Das gibt es ja gar nicht. Ja, natürlich. Machen wir. Simsen Sie mir die Nummer? Danke.“

„Sag nicht …“, fängt Evi an.

„Dooooch! Wir haben Elli. Eine Nachbarin hat unseren Artikel gelesen und hat ihn Elli gezeigt und dann hat sie sich in der Redaktion gemeldet.“ Lina fasst Evi an den Händen. „Ich glaube, das sollten wir Frau Sobansky persönlich sagen, oder?“

„Und Jonathan!“ Evi ruft aus vollem Hals: „Jo-na-than!“

Der Uropa erschrickt und stolpert fast. Jonathan greift ihm unter den Arm.

„Wir haben sie!“

Jonathan hält die Hand hinters Ohr, als Zeichen dafür, dass er nichts versteht.

Evi und Lina klettern wieder auf die Promenade und rennen, so schnell sie können, zu dem Uropa und Jonathan. Ganz außer Atem sagt Evi noch einmal: „Wir haben sie.“

„Wen?“ Jonathan guckt wie ein Auto.

„Na, Elli!“

„Nein!“

„Doch!“ Evi fällt Jonathan um den Hals. Der weiß gar nicht, wie ihm geschieht, aber dann umarmt er Evi ebenfalls. Heute ist so ein Tag, an dem man das machen kann. Und es fühlt sich angenehm warm an, findet Evi.

Der Uropa hustet wieder. Dann sagt er mit heiserer Stimme: „Das hätte ich nicht gedacht. Das ist fast … ein Wunder.“ Seit Langem sind seine Augen einmal nicht matt, sondern leuchten. „Frau Sobanskys Geschichte geht mir nah. Obwohl ich die Frau gar nicht kenne.“

„Das können wir ja noch ändern.“ Jonathan gibt dem Uropa einen Kuss auf die Wange.

Der Uropa sagt: „Ich fahre nirgendwo mehr hin.“

„Wer weiß.“ Jonathan grinst.

„Wir müssen unbedingt Frau Sobansky besuchen und ihr alles erzählen“, sagt Lina.

„Ganz bald“, sagt Evi.

„Sollten wir nicht erst einmal Svea-Malinda Bescheid geben?“, fragt Jonathan.

Evi zögert, nickt dann aber. „Das wäre nur fair.“

„Und eigentlich ist die sogar ziemlich in Ordnung, oder?“ Lina stupst Evi an.

Die atmet tief ein und sagt: „Ja. Ist sie.“

Evis Blick fällt auf eines der Plakate, die sie im Städtchen verteilt hat. Mit dem Fingernagel knibbelt sie den

Tesafilm ab. Dann zerknüllt sie das Papier und wirft es hoch in die Luft. „Das kann ja nun weg!“, ruft sie. Leise murmelt sie: „Danke, Franzi, dass du uns die Daumen gedrückt hast. Hat geholfen.“

32. Kapitel: Teddy und Herzmuschel

Am nächsten Tag sitzen Evi und die anderen in der Bahn nach Lübeck. Svea-Malinda ist auch dabei. Heute hat sie nichts mit Glitzer an, fällt Evi auf. Die Mitreisenden denken bestimmt, dass die vier ganz dick befreundet sind. Denn sie albern die ganze Zeit herum.

Evi schaut aus dem Zugfenster. So viel Himmel gibt es in den Bergen nicht. Gerade ist er blau und fliegt nur so vorbei.

Als die Kinder in Lübeck angekommen sind, klingeln sie bei Frau Sobansky Sturm und rasen die Treppe hoch. Atemlos stehen sie schließlich vor der Wohnungstür. Frau Sobansky öffnet sie ein Stück und steckt ihre Nase heraus.

„Überraschung!“, rufen die vier.

„Ihr?“ Frau Sobansky reißt die Augen auf. Ihre Wangen werden rot. Die Lachfältchen in Evis Gesicht verraten alles. „Nein!“, ruft Frau Sobansky. Und noch einmal „Nein …“ Ihre Stimme bricht weg. Stumm nimmt sie Evi in den Arm. Sie bittet die Kinder in die Wohnung.

„Danke“, flüstert sie. „Danke!“ Dann rollen ihr die Tränen herunter. Sie bahnen sich ihren Weg durch die Falten. Ein bisschen sieht es aus, als hätte Frau Sobansky kleine Flüsse im Gesicht. Sie ist so winzig, denkt Evi. Und so alt. Und so glücklich.

Lina gibt ihr den Zettel mit der Telefonnummer. Mit Ellis Telefonnummer. Zehn Ziffern Hoffnung, zehn Ziffern Freude. Frau Sobansky küsst den Zettel. „So lange habe ich darauf gewartet“, wispert sie.

Am liebsten würde Evi sich jetzt leise davonstehlen. Sicher möchte Frau Sobansky allein sein. Und gleich Elli anrufen.

Frau Sobansky nimmt den Teddy vom Regal. „Für euch“, sagt sie. „Möge er euch Glück bringen. Euch dreien. Oh nein, heute seid ihr ja vier.“ Sie lächelt Svea-Malinda an, die ganz gerührt ist.

„Das können wir nicht annehmen.“ Jonathan gibt Frau Sobansky den Bären zurück.

„Das könnt ihr“, sagt sie streng. „Das müsst ihr sogar. Mir hat er schon geholfen. Und ihr habt euer Leben noch vor euch.“

Da reicht Jonathan Evi den Teddy. „Nimm du ihn.“

„Oh ja“, sagt Lina. „Walli kommt zu dir. Das passt.“

Evi betrachtet den Bären. Sein Fell ist abgewetzt. Er hat dunkle Knopfaugen, die lieb gucken. Und ganz wach. Evi drückt Frau Sobanskys Hand.

Auf dem Rückweg bleibt Evi an einem Briefkasten stehen. „Ich muss noch schnell was einwerfen.“ Es ist ein Brief an Franzi, den sie gestern geschrieben hat. Sie wollte Franzi unbedingt berichten, dass sie Elli gefunden haben. Auf den Umschlag hat Evi eine Flaschenpost gemalt. Das Meer. Und dahinter Berge.

Evi fasst sich an ihr Handgelenk. Da hat sie ein geflochtenes Band festgeknotet. Seit über einem halben Jahr hat sie es um – ein Freundschaftsarmband. Franzi hat auch eines. Mama wollte diese „Bazillenschleuder“ längst abschneiden, aber solange es hält, möchte Evi es tragen. An einer Stelle franst es mittlerweile schon ein wenig aus.

„Irgendwie Wahnsinn. Über siebzig Jahre haben Frau Sobansky und ihre Elli sich nicht mehr gesehen. Und jetzt werden sie sich treffen“, sagt Lina.

„Wie gut wir es haben, oder?“ Evi atmet tief ein. Mama hat recht. Die Luft hier ist wirklich wunderbar.

Lina wühlt in ihrer Jackentasche. „Schau mal, was ich für dich habe!“ Sie lässt ein Band vor Evis Nase hin- und herbaumeln. Ein Band mit einer Herzmuschel dran. „Jetzt haben wir beide eine Herzkette.“ Lina zieht ihre über die Jacke.

„Muscheln sind cool“, sagt Evi. Da bemerkt sie, wie Svea-Malinda an den Knöpfen ihrer Jeansjacke herumnestelt. „Für dich finden wir auch noch eine Muschel“, sagt sie und knufft Svea-Malinda in die Seite. Der huscht ein Lächeln übers Gesicht.

„Und für mich?“, fragt Jonathan gespielt maulig. „Kriege ich kein Herz?“

Am liebsten hätte Evi geantwortet, dass er ihres bereits hat, aber das behält sie dann doch für sich. Das wäre einfach zu peinlich.

Fast hätte sie vergessen, den Brief einzuwerfen. Die Klappe des Briefkastens schließt sich. Bald wird der Brief Richtung Süden düsen.

Evi, Jonathan, Lina und Svea-Malinda gehen Hand in Hand zum Bahnhof. „Die Ostsee ist echt klasse", sagt Lina. „Spätestens im Sommer wirst du das merken." Evi mag das Meer schon jetzt.

Worterklärungen

affektiert: gekünstelt
Breze (Pl.: Brezen): (bayr.) Brezel
Brotzeit: (bayr.) herzhafte Zwischenmahlzeit
Diern: (plattdt.) Mädchen
drömelig: (plattdt.) verträumt, langsam
Fleischpflanzerl: (bayr.) Frikadelle
Franzbrötchen: (norddt.) Zimtbrötchen, ähnlich der Zimtschnecke
gell: (bayr.) nicht wahr?
Getüddel: (plattdt.) Quatsch
grienen: (norddt.) grinsen
Huus: (plattdt.) Haus
Ik bün de Dorsk: (plattdt.) Ich bin der Dorsch.
inspizieren: genau untersuchen
Kaiserschmarrn: (bayr. / österreichisch) Gericht aus zerkleinerten Pfannkuchen
Lütte: (plattdt.) Kleine
lugen: schauen
Moin: (norddt.) hallo
nesteln: mit den Fingern an etwas herumspielen
Ostpreußen: Region, die bis 1945 zu Deutschland gehörte und heute zu Polen und Russland
Polacke: Schimpfwort für einen Menschen aus Polen
Porträt: Personenbeschreibung
Promenade: breiter, gepflegter Spazierweg

Puschen: (norddt.) Pantoffeln, Hausschuhe
Schietwetter: (norddt.) Mistwetter
schlackern: (norddt.) schlenkern, hin- und herbewegen
Schnürlregen: (bayr.) lang andauernder Nieselregen, „Schnürl" sind Schnüre oder Bänder
servus: (bayr.) tschüss